ムカついても、やっぱり夫婦で生きていく

夫と機嫌よく暮らす知恵

一田憲子

エムディエヌコーポレーション

結婚するとき、
「この人じゃなきゃ」って、
どうやって
決めるのでしょう？

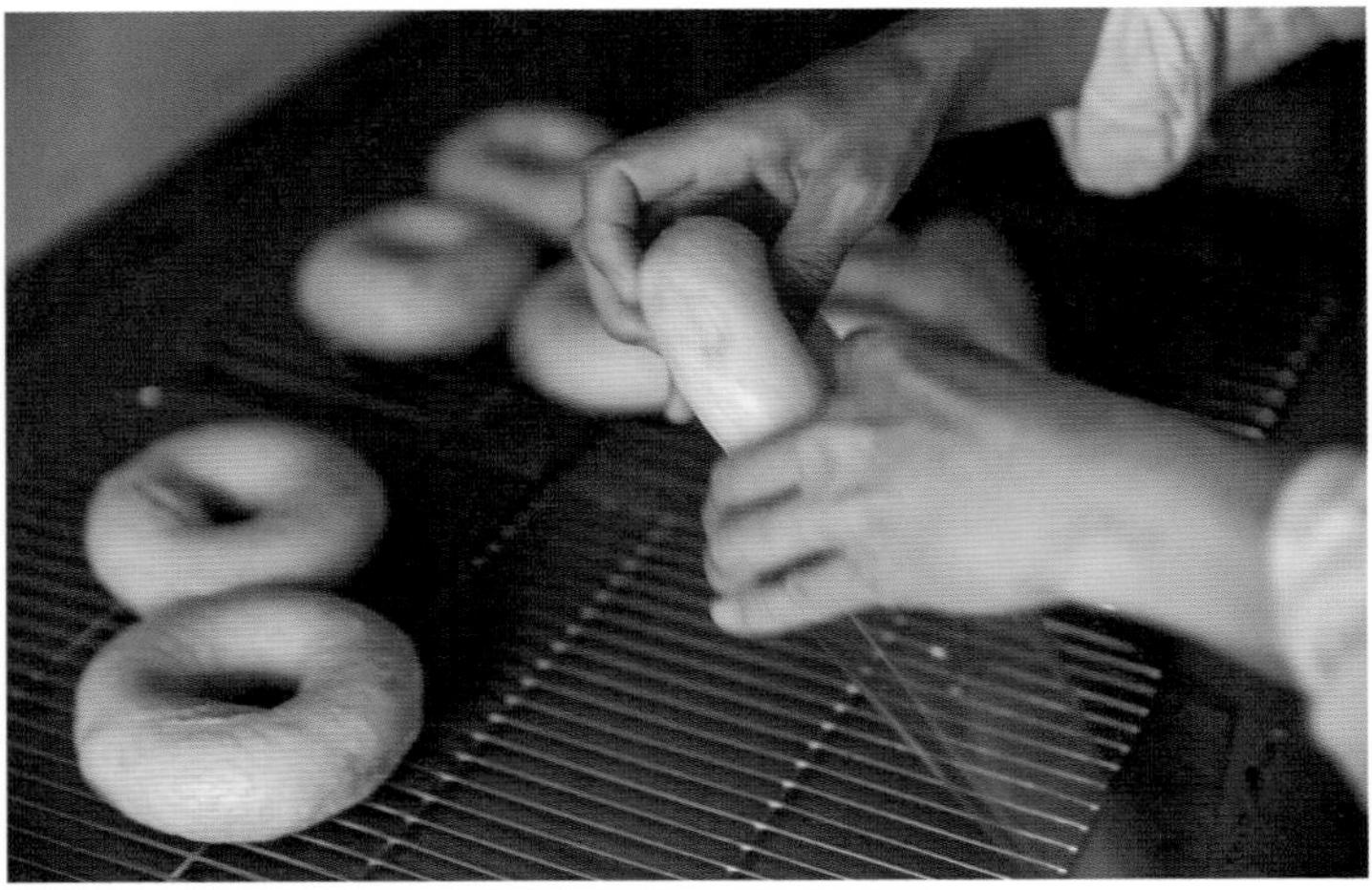

久保輝美さん
28ページ

もしかしたら
「始まり方」は
そんなに重要なこと
じゃないかもしれません。
私たちは夫婦関係が
ぎくしゃくすると
つい「始まり」を
疑いたくなるのです。
「あのとき、別の人生を
選んでいたら……」
それは「今」から
目を背けたい
だけなのかも。

子育てのイライラを
夫に
わかってもらうには
どうしたらいい？

本多さおりさん
58ページ

「どうして
自分ひとりで……」と
不満がたまって
ブチ切れたとき
「やってもらう権利」を
きちんと主張するって
すごいこと。
せっかく夫婦ふたりで
生きていくのだから、
「自分でできること」以外に
「自分の力では
できないこと」を
足し算すれば、人生が
豊かになりそうです。

夫の短所って、
どうしたら
直してもらえるのかな？

附柴彩子さん
90ページ

たとえば
「も〜、自分のことしか
考えないんだから」と
目くじら立てるのではなく、
「ゼロから生み出す
才能ってすごい！」と
拍手喝采する。
夫の短所を、
くるりと長所に
ひっくり返すことが
できるのは妻だけです。

妻と夫で
価値観が違うとき、
どうしたら
歩み寄れるのでしょう？

鈴木尚子さん
116ページ

夫は
「女は家にいるもの」と
思い込み、
妻は
「男はお金を持ってくる人」と
考える。
夫婦喧嘩の原因は、お互いが
「男とは」「女とは」
という理想に
ハマっていなかったこと。
夫婦になるのは、
「男とは」「女とは」を
定義し直すこと
なのかもしれません。

夫に対して
不満があるとき
どう伝えるのが
いいのでしょう?

山本祐布子さん
150ページ

誰かのためにと、
自分を犠牲にすると
人生はとたんに
つまらなくなります。
時には
夫に対する意見を
飲み込むこともあっていい。
夫婦で一緒に生きるとは、
自分が選んだ道の外側に
もう1本
道があると気づくこと。

夫のいいところを
見失いそう
になったら
どうしたらいい？

竹田理紀さん
174ページ

夫に限らず、
そばにいる人に
生き生きと生きてほしい、
と願っても
何がその人を輝かせるかは
その人が選ぶしかありません。
妻や母、
夫や父という
役割の一歩外に出て
夫婦で
それぞれ懸命に生きる……。
ものの見方を変えれば、
家族でご機嫌に
生きていけそうです。

専業主婦で、
夫の稼ぎを使うとき
不自由さは
ないのかな？

枦木百合子さん
198ページ

「自分の稼ぎがないと
後ろめたい」
という人もいれば、
「気にしない」と
いう人もいます。
お金に対する意識は、
夫婦のあり方次第。
妻にしかできないこと＝
お金では得られないこと。
夫にその意識が
きちんと根付いていることが
妻をお金から
解放してくれます。

目次

はじめに　19

夫婦の本当の姿はひとりひとり。
相手を変えるのでなく、
まずは自分が変わることから
久保輝美さん（パン教室・ベーグルショップ元店主）　28

子育ては助けてもらわなきゃ、
つらすぎる。
まずは、自分のための主張を声にすることから
本多さおりさん（整理収納コンサルタント）　58

自分にとっての「一番大事」が
夫には
「一番」とは限らないと知る
附柴彩子さん（石鹸専門店経営）　90

夫は夫の人生を
妻は妻の人生を楽しめばいい。
できるのは、互いの応援団になることだけ
鈴木尚子さん（ライフオーガナイザー） 116

大事なことは語り合っても解決しない。
必要なのは、
同じ空気を吸うということ
山本祐布子さん（イラストレーター） 150

夫とは、妻とは。そんな役割の一歩外に。
見方を変えれば、
ご機嫌に暮らす方法が見つかる
竹田理紀さん（フリー編集者） 174

ずっとお母さんが
家にいるという
幸せを求めて
枦木百合子さん（専業主婦） 198

おわりに 230

夫は本当に世界でひとりのパートナーなんだろうか？

正直に告白すると、私はつい最近まで、才能に溢れ、そこそこお金を持っていて、優しく、人間的に私より数段上のステージにいる男性が、ふと目の前に現れて、ヒョイと私をさらっていってくれたら、きっとついていくだろうなあと思っていました。そんなことを考える自分が後ろめたくて、私には愛情というものが足らないんじゃなかろうか？　ひとりの人を愛するということができないんじゃなかろうか？と密かに「夫婦」という言葉に対してコンプレックスを抱いていたのです。

今の夫と一緒に暮らし始めて15年になります。私はバツイチなので、「バツ2になるのは嫌だなあ」と「入籍」というものを後回しにしてきました。フリーライターとして仕事をすることに必死で、ずっと「仕事がいちばん、プライベートは2番」という人生を送ってきた結果、入籍のタイミングを逃してしまった……というのが本当のところかもしれません。今は、世に言う「事実婚」という形になるのでしょうか？　こんな宙ぶらりんな夫婦関係を続けているのは、私が「結婚」というものに対して、腹を括れていないからなのだろうなあと思います。

ときどき「夫大好き！」という人に出会います。「うちの夫は、こういうところが素晴らしい！」「だから、心から尊敬している」「世界でいちばん好き！」と堂々と言える人がうらやましい。そして、ああ、愛し合うってこういうことなんだな、それに比べて私は……とどんどん落ち込んでいくのです。私は、夫のことをそこまで完璧だと思っていない。そこまで尊敬していない。ということは、私は夫を愛していないのだろうか……と混乱してきます。そもそも最初の出会いからして間違えていたのではないだろうか？　あのとき、勢いだけで「好き！」って言っちゃっただけじゃないだろうか？　そして、結婚している人みんなに聞いてみたくなります。あなたは夫のことを唯一無二のパートナーと思っていますか？　あなたにとって結婚ってなんですか？　って。

そんなある日、友人とお茶を飲みに行きました。普段は仕事の話や、おいしいお店、素敵な雑貨屋さんの話ぐらいしかしないのに、珍しく夫婦の話になりました。

「実はさあ」と私は心の底にある、この後ろめたさについて、ちらりと言葉にしたのです。すると、「私もそう！」と彼女。え〜？　あなたの夫は、あんなにかっこよくて、かわいいお子さんたちと家族４人で歩いていると、理想のファミリーに見えるのに？　美男美女の夫婦で互いに相手の魅力を認め合い、家事も育児も上手に分担しているかと思っていたのに？

よくよく聞いてみると、学生時代に付き合っていた彼のことが、いつも胸の奥にあって、「彼と結婚した方がよかったんじゃないか？」とことあるごとにそこへ立ち戻ってしまうのだとか。「彼は、優しくて、どんなときにも私の気持ちを察して手を差し伸べてくれるタイプだった。でも、なんでもわかってくれるからこそ、この人とずっと一緒にいたら、私はいつまでも私のままかもしれないって思ったの。そんなときに出会った今の夫は、クールで理論派。思ってもみない意見を言ってくれるから、新しい発見があった。私が選んだのは、自分と同じタイプではなく、真逆のタイプの夫だったんだよね。でも、実際に生活し始めると、その『違い』を受け止めるのがしんどくて……。理論で正しいとはわかっているけれど、ただ黙って『そうだよね』と寄り添ってほしいときもある。『ああ、私、間違えちゃったかも』

ってずっと思ってた。ようやく『この人とやっていく』と思えたのは、子供ができてからかな。最近では、この人は、私を成長させてくれるために、私の目の前に現れたんだなって思うようになったの」。

思いもかけない彼女の独白を聞いて、もしかして、私のもやもやした夫婦への思いと同じことを、どんな女性もが、心のどこかに秘めているのではないか？　私だけ？　と悩んでいた後ろめたさは、誰もが口に出さないけれど、胸の奥の奥底に持っている共通事項なのかもしれない、と思ったのです。そして、ちょっとだけほっとしたのでした。

「こんな夫がいい」と思い込んでいた理想像は間違いだった！

夫婦が向き合うことは、自分と向き合うこととイコールなのだと思います。夫という存在は、一番近くにいるのに、一番わからない存在……。あるとき、親友に「あのさ、私、本当は頼り甲斐のある、ぐいぐい引っ張ってくれるタイプの男性がよかったんだよね～」と言うと「何を言ってるの！」と笑い飛ばされました。「あなた、その人の脱いだ靴下を拾って歩く？　タオルを持って汗を拭きに行く？　そうじゃないでしょ。自分が脱いだ靴下を拾ってほしくて、タオルで汗を拭いてほしいタイプじゃん！」ですって！「え〜、そうかなあ」と否定しながら、内心「その通り！」と思いました。良妻賢母型の母親に育てられた私は、男性の理想像といえば、「守ってもらう」という存在でした。でも、実際の自分を振り返ってみると、好きなことを仕事にしたくて、「これ」と目標を決めたらそこにたどりつかなくては気が済まなくて、ひとつのことをやり始めたら、周りが見えなくなって……。つまり、私の本当の姿は昭和の家庭を顧みない猛烈サラリーマンタイプだった、というわけ。そんな私が、「俺についてこい」タイプの男性とうまくいくわけがない……。なのに、男勝りでわがままな自分を自分で認めたくなかったのでした。

だれもが「男性」と聞いただけで、「夫」と名付けただけで、「こうあってほしい」というお決まりのラベルを貼りたくなります。男だから引っ張っていってくれなくちゃ。稼いできてくれるから立てなくちゃ……。でもしばしばそこには、本当の自分が望んでいることと、誤差が生じます。本当は強い男より、「よしよし、頑張ったね」と頭を撫でてくれる優しい男を望んでいた……。もし、夫との関係をよくしたいなら、まずは自分が相手に望んでいることを正直に認めることが第一歩なのかもしれません。女が男に望むものとは、いったい何なのだろう？　それをいろんな人に聞いてみたいと思いました。

夫を自分の考えに染めることはできない

たとえ夫婦でも私にとっての「正解」が、夫にとって「正解」とは限りません。夫の人生に必要な変化は、夫の人生の中で生み出されます。うちの夫はカメラマンですが、最近では映像関係の仕事が増えてきました。その移行期に、彼は思い通りの仕事ができなくて、ずいぶんきつい時期を過ごしたと思います。それを横で見ていた私は、「もっと○○すればいいんじゃない？」と口出しをしていました。今思い返せば、「自分の力で彼を変えてみせる」と思い上がっていたなあと思います。でも、しばらくして彼は自分で自分が生かせる仕事を見つけてきて、今はいろいろな現場を飛び回る忙しい日々を送っています。我が家の場合はフリーランス同士ですが、サラリーマン家庭でも、夫が生き生きと仕事をしているか、彼の人生にとって仕事はどんな存在か……。それは妻が手を出せない、彼自身の足でしか歩むことができない領域なのだと思います。もちろん、「今日こんなことがあってさ」と話はするけれど、互いの人生は互いのもの。本当に夫のことを理解する、とは「すべてを同じように考える」ことではなく、ひとりの人間として認め、尊重すること。それが、夫という存在を信じるということなのだとやっとわかってきた気がしています。

伝え方で、夫婦関係は変わる

夫と付き合い始めた頃、旅先で大げんかしたことがあります。喫茶店でお茶を飲んだあと、出口に段差があることに気づかず、転んでしまった私。その姿を見て、「ちゃんと足元を見ないからだよ。気をつけなくちゃ」と彼。その言葉を聞いて私はブチ切れました。「そうじゃないでしょ！　転んだら、まずは大丈夫？　って聞かない、普通？」と。こちらは膝を擦りむいて痛いやら恥ずかしいやら……。そんな私を心配するでもなく、非難する夫の言葉にムカついたのでした。でも、つい最近、脳科学コメンテーター・黒川伊保子さんの『夫のトリセツ』を読んで「なるほど！」と膝を打ちました。「男は、愛する人を危険から守ろうとするあまり、いきなり、相手の欠点を口にする。（中略）あれは、男性脳の愛と誠意なのである」。男と女の思考回路は違う……。そう理解していれば、コミュニケーションの仕方が変わってきます。何度もムカつきながら、「どうして……」とがっかりしながら、私たちは男と女の違いを学び、夫婦のあり方を構築していくのかもしれません。

先日友人がこんな話をしてくれました。「私ね、その日あったこと、感じたことを、毎日夫に話しまくるの。彼は聞いてはくれるんだけど、相槌の打ち方にイマイチ力がないんだよね。いつも『ふ〜ん』って言うだけ。だから、彼にお願いしたの。『私が、機嫌よくなるための、魔法の言葉があるから、今からそれを教えます。『すごいね〜』『そうなんだ〜』『がんばったね〜』『さすがだね〜』。この4つをルーティンで言ってくれればいいからって。今、彼はちゃんとそのワードを入れてくれるから、すっごく話しやすくなったの」。

すごいな！　と感心してしまいました。自分がやってほしいことを、彼が最もわかりやすい形で伝える……。自分自身の「伝える」スキルをアップすることも、夫婦の関係をよくする上ではなくてはならないことのよう。

毎日一緒にご飯を食べ続けるということ

いろんな不満はあるし、イライラすることも多いけれど、とりあえず夫とほぼ毎日一緒に晩ご飯を食べます。互いの仕事の状況も、付き合う仲間も、社会情勢も、周りはあれこれ変化していくけれど、この毎日のご飯だけはずっと変わりません。50歳を過ぎた頃から、この「決して変わらない」ということが、実はとても尊いものなんじゃないかと感じるようになりました。仕事で失敗しても、誰かと言い争いをしても、誰かが私のことを否定しても、夜になれば食卓に座り、ニュースやお笑い番組を観ながら夫と一緒にご飯を食べる……。そうやって、無意識のうちに積み重ねてきた時間で、目に見えない、言葉にできない、何かが確かに育ちます。もしかして、夫婦ってそんな説明できない時間の足し算の関係なのかもしれません。

人には優しく……と言いながら、いちばん優しくするのが難しいのが、一番近い場所にいる夫という存在。一番理解するのが難しく、でも、一番頼りになる。そんな夫婦っていったい何なのだろう？　そんなことを知りたくて、今回いろいろな人にお話を聞いてみることにしました。さまざまな夫婦の形から見えてくるものが楽しみです。

夫婦の
本当の姿は
ひとりとひとり。
相手を変えるのでなく
まずは自分が
変わることから

久保輝美さん（パン教室・ベーグルショップ元店主）

年齢・54歳／夫の年齢・56歳／結婚した年齢・27歳／子ども・なし

久保輝美（くぼ・てるみ）　1966年大阪府生まれ。通信社勤務を経て、専業主婦をしていた際にパン教室に通ったことをきっかけに、パン作りを始める。その後オープンしたパン教室・ベーグル店「kuboぱん」（現在は閉店）は全国からファンが訪れる人気店となる。通信社勤務の際に知り合い、一度離婚して再び結婚した夫とともに暮らす。

夫が与えてくれるものは、役にたたない

夫と言い合いをしたり、思っていることがうまく伝わらなかったり、価値観のあまりの違いに愕然としたり……。その度に「やっぱりこの人と結婚したのは、間違いだったんじゃなかろうか?」と思うことがあります。そして、そんなことを考える自分にハッとして、私は結婚に向いてないいんだろうか? と落ち込むことも。親子や兄弟と違い、血がつながらない夫婦は、「おしまい」とピリオドを打てば、そこで関係解消、ゼロに戻ります。毎日一緒に暮らしていて、一番近しい関係なのに、その繋がりは驚くほどもろいもの。一体夫婦の絆って、何なのでしょう?

実は、「夫婦」という唯一無二に見える関係の実態は、それほど確固としたものではないんじゃないか? そう考えるのは私だけでしょうか? 絶対にこの人じゃなきゃいけなかったわけでもないし、この人が私のベストパートナーだったなんて確証は、どうやったって得ることはできない……。もちろん、いつも「うちの夫は素晴らしくて」と感じている人もいるでしょうし、それはそれでとても素晴らしいことだと思います。でも、そう言

い切れなくて悶々としている人も意外に多いのでは？

日々の営みは淡々としたものです。朝起きて、仕事に出かけ、帰ってきてご飯を作って一緒に食べる。時々テレビを見てワハハと一緒に笑ったり、今日あった出来事をポツポツ語ったり。そんな毎日をくる日もくる日も一緒に積み重ねているうちに、無言のうちに育つものがあります。何を面白いと思うか、何を美しいと感じるか、何を価値あるものと判断するか……。言葉で語るわけではないけれど、一緒に過ごす時間の中で毛穴から吸収するように、「共感」というものが互いの体の中に染み込んでいく。それが、夫婦の絆というものの正体じゃなかろうか？　と今のところ仮説を立てています。

うちの夫は、私がフリーライターになったばかりの稼げない時期に、スーパーの2階で洋服を買っていたことも、編集者とうまくいかなくなって、夜寝ると枕にツ〜ッと涙がこぼれたことも、忙しくて毎日帰りが遅く、部屋がホコリだらけだったことも、すべてを知っています。だからこそ、今、私は夫をいちばんの理解者だと思っているし、何かが起こったとき、必ず助けてくれる、という信頼感を持つこともできます。

でも、今考えていることを話して「そうそう、そうなのよね〜」とわかり合えるのは、夫より女友達だったりする……。暗黙のうちにわかりあっていることに、輪郭をつけよう

夫婦の
本当の姿は
ひとりとひとり。
相手を
変えるのでなく
まずは自分が
変わることから

とした途端、うまくいかなくなります。だとすれば、夫には「今すぐ役立つこと」を期待するのは無理なのかもしれない、と思うのです。夫に望むのは、実際に今何かをしてくれたり、心にハッとする刺激を与えてくれたり、私の心の機微をわかってくれることではない……。本当に力となってくれるのは、目には見えないけれど、そしてすぐは役に立たないけれど、決してなくならない、ふたりで積み上げた時間の中に蓄えられているような気がします。

結婚して離婚をして、また同じ人と結婚！

そんな「夫婦で築く時間」についてお話を聞いてみたいな、と思ったのが元「ｋｕｂｏぱん」の店主久保輝美さんです。私が企画編集をする「暮らしのおへそ」から派生した「おへそ塾」というワークショップに参加してくださったのが、初めての出会いでした。「暮らしのおへそ」は、いろいろな方の暮らしの習慣を「おへそ」と名付け、習慣からその人の暮らしや生き方を紐解く1冊。おへそ塾は「あなたのおへそは何ですか?」というテーマで、参加者に私がインタビューをしていく、という形ですすめます。

当時の久保さんの「おへそ」は、午前3時には起きてお店に行きベーグルを焼くというものでした。その変則的な時間割に合わせて忙しい日々を送り、くたくたに疲れていらっしゃるだろうに、目がキラキラ輝いて、好奇心いっぱいに私の話を聞いてくださいました。「わあ、この人はただものじゃない」と感じたことを覚えています。そのとき、久保さんが語ってくれた忘れられないエピソードがあります。「最近読んだ本の付録にね、ブレスレッドがついていたんです。まずブレスレッドを左手にしておき、もし不満やマイナスのことを口にしたら右手につけかえるんです。実際に試してみたら、『あれ、また言っちゃった！』とブレスレッドをつけかえるのに大忙し。こんなにも、普段マイナスの発言をしていたんだと驚きました」。それがアメリカ、ミズーリ州で牧師を務めるウィル・ボウエン氏著の『もう、不満は言わない』という1冊です。自分の現実を作るのは言葉。言葉を変えれば考え方が変わり、行動も変わり、やがて周りの世界も変わる、という内容です。

私はペシミスト（悲観主義者）で、みんなが「よかったね〜」と言っているときにも、「でも、もうちょっとこれもできたよね……」とマイナスのことを言ってしまう傾向がありま

夫婦の
本当の姿は
ひとりとひとり。
相手を
変えるのでなく
まずは自分が
変わることから

す。前向きなことを言いたいけれど、もし失敗したときに傷つくのが怖いから、その予防線を張っておく……。そうやって自分を守るためにマイナスの発言をしてきたのでした。そんな自分を変えたい、と思っていたので、この久保さんのお話に興味津々。「おへそ塾」を終えて帰ったらすぐに、同じ本を買いました。

その後、「暮らしのおへそ」で取材をさせていただき、日本橋三越本店で開催される「おへそ的、買い物のすすめ展」にも出店していただくようになりました。会期中、百貨店が朝オープンすると、お客様がダダ～ッと走って「ｋｕｂｏぱん」さんのブースへ。ベーグルは1時間弱でたちまち売り切れます。それほど久保さんの焼くパンは圧倒的な力を持っていました。

実は久保さんは、27歳で結婚して11年後に離婚。そしてなんと同じ人とまた再婚したというびっくりたまげる経歴の持ち主です。そのことを話してくれたとき、「も～ね～。バカみたいでしょう？」と笑い飛ばしていたけれど、「どうして？」と聞く勇気がありませんでした。お互い関西人同士で、いつも茶化してなんとなくスルーしていたその話題を、今回じっくり伺ってみたいとお願いしました。

結婚なんて、ギャンブルみたいなもの

「ｋｕｂｏぱん」の屋号で、埼玉県浦和でパン教室と小さなお店をオープンしたのは11年前のこと。作っていたのはベーグルが中心です。もっちりもちもちの噛み応え。ほんのり甘さがあって、なんともいえない優しい味。クリームチーズやあんこ、黒糖ミルクやアップルマンゴーなど、素材の組み合わせも絶妙です。「基本的に自分が食べたいものを作っていました。心をときめかせて作った方が、おいしいパンが焼けると思ったから」と久保さん。そんなベーグルを食べた人はきっと「あ～、幸せ！」と感じたはず。それは、久保さんが「誰かを幸せにするために」作っていたからだと私は信じています。

この「ｋｕｂｏぱん」を立ち上げたことと、「夫婦であること」は、密接に関わりがあると、今回お話を伺って知りました。「自分が自分の足でちゃんと立つ。それができないと人生を誰かのせいにしたくなるんです」という一言に深く納得。

そこでまずは、そもそもの夫婦の「始まり」からお話を聞いてみることにしました。大阪出身の久保さん。地元で就職した通信社で1歳年上の夫と知り合い結婚。実はその頃、

夫婦の
本当の姿は
ひとりとひとり。
相手を
変えるのでなく
まずは自分が
変わることから

うまくいかないことが重なり、失意の底にいたのだとか。「そこにすっと手を差し伸べてくれたのが夫でした。あなたはあなたのままでＯＫだよ、と言ってもらえたような気がしたんです」。

「手を差し伸べてくれた」ということは、自分から「手を握った」＝「自分で選んだ」わけじゃなかったということ？　とちょっと意地の悪い質問をしてみました。すると久保さんは、正直にこう語ってくれました。「もうどうにでもなれ、っていう感じで結婚したんです。だから『この人じゃなきゃ』って確信したわけじゃない。だってギャンブルじゃないですか、結婚って！　たまにいる仲のいい夫婦は、大当たりなんだと思います」。「大当たり」という言葉にクスッと笑いながら、なんだかほっとしました。若いときの恋愛は「勢い」みたいなものです。たまたま出会って「恋する」ことにワクワクして……。しかも自分の生き方もまだ定まっていない。そんなときに人生の伴侶を確信と共に選ぶなんて、とても無理じゃないかとうっすら考えていたのでした。

「夫という生涯のパートナーを選ぶのに、そんなに不確かでいいんでしょうか？」とさらに聞いてみると……。「あのね、私の感覚なんですけど、誰と結婚しても、同じ悩みは起きるんじゃないかと思うんです」と久保さん。

もしかしたら「始まり方」はそんなに重要なことじゃないかもしれない。そう思いました。若い頃、いい大学を出て、いい会社に就職し、いい男性を見つけて結婚することが、幸せへの道だと信じていた時期があります。つまり結婚は人生の「あがり」だと思っていた……。でも、実際に経験してみると、結婚は全く「あがり」なんかじゃなく、むしろ「入り口」でした。親の加護の元を離れて初めて「個」として歩み出すことであり、夫婦で新たな家族を作り始めることであり、自分の人生を設計することでもある……。

でも、私たちは夫婦関係がぎくしゃくしてくるとつい、「始まり」を疑いたくなるのです。「そもそも結婚したことが間違いだったんじゃないか?」「あのとき、別の人生を選んでいれば、今頃は……」。それはきっと、「今」から目を背けたいだけ。きちんと向き合わなければいけない現実から逃げて、すべてを「ゼロ」にした方がラクという錯覚に陥るだけ。久保さんの「誰と結婚しても同じ悩みは起きる」という分析は、結婚とは、自分の人生に責任を持つスタート地点なのだということを再認識させてくれました。

夫婦の
本当の姿は
ひとりとひとり。
相手を
変えるのでなく
まずは自分が
変わることから

養ってもらっているんだから、我慢しなくちゃ。

結婚してすぐ夫の転勤について上京。ところが、そこには思いもしなかった苦しい毎日が待っていました。「とりあえず専業主婦になりました。半年ぐらいご飯を作って夫の帰りを待つ日々でしたがもう最悪（笑）。友達はいない、身内や親戚もいない、ひとりで家にいるしかなくて、誰ともしゃべれないから壁に向かってしゃべっていましたね。久しぶりに友達から電話がかかってきても、普段あまりにも黙っているから、言葉が出てこなくてしゃべれないいんですよ。これはやばいな……と思っていました」。

そして、暇だったからと友達に誘われて通い始めたのがパン教室です。まさかそれがのちに久保さんを支える柱になってくれるとは、当時は思ってもいなかったそう。

夫婦関係はどうだったのですか？　と聞くと……。「かいがいしく朝ごはんを作っても、『いや、僕は朝は食べないから』って。恋愛と日常生活は違うんだと思い知りましたね」。さらにお義母さまとの同居が始まった頃から、関係はますます悪化。「食卓で、夫と義母の間で思い出話が繰り広げられて、私の入れないふたりの世界がずっと続くんです。どこかに出かけるときにも、車の助手席に乗るのはお義母さん。私ね、結構我慢するタイプだったみたい。だから、じっと耐えていました。『離婚』という言葉が頭に浮かんだとき、うちの両親に相談しても、『我慢するのが結婚でしょ！』と……。そうすると、『こうなっているのは、私がいけないんだ』と思っちゃうんですよね。もう限界でした」。

久保さんが「我慢しちゃった」もうひとつの原因は、専業主婦で自身の収入がなかった、ということにもあったそう。「養ってもらっているんだから、少しは私が我慢しなくちゃと思ってしまった。何か仕事をしたいとは考えていたのですが、当時は自分が何をやりたいかも全然わからなくて。途中からパートで会計事務所で働き始めたので、自分で遊びに行くお金は自分で出すことができるようになり、少し気が楽になりました。でも、ずっと負い目はありましたね。ちゃんと収入があることは、自分が自分であるために、私には必要なことだったんだと思います」。

私も離婚するとき、どう「稼ぐか」は大問題でした。結婚と同時に元夫が営む編集プロダクションで働いていたこともあり、離婚＝職をなくすことでもありました。つまり、離婚したから私はフリーライターとして独立したというわけです。もちろん食べていけるという算段もまったくなく、まずは知り合いのつてを頼って「仕事をもらいに行く」ことか

夫婦の
本当の姿は
ひとりとひとり。
相手を
変えるのでなく
まずは自分が
変わることから

ら始めました。本当にギリギリの生活で、お金が足りなくなって、親には言えないので妹に「ちょっとだけ貸して」と頼んだこともありました。それでも、なんとかなったのです。お金の問題は本当に切実です。食べていけるかどうかは、いちばん不安だしいちばん怖い。でも、だからこそ、足元がス〜ス〜する恐怖が、自分のいちばん深いところにある「底力」というエンジンに着火してくれる。私はあの時期があったからこそ、ライターとしてのスタートを切ることができたと思っています。

久保さんは結婚生活がうまくいかなかったことによって、「夫婦になる」こと以前に「自分になる」ためには何が必要なのかを考え始めたよう。

離婚して、初めて自分と向き合った

我慢に我慢を重ね、お義母さまに振り回される形で結婚11年目、38歳のときに離婚。「だから、彼とはきちんと向き合わないまま別れたんです」。

そう語る久保さんが、離婚することで初めて考えたのが「自分って何？」「生きるって何？」ということでした。「ず〜っと本屋さんにいました。哲学や心理学、自己啓発の本を読み漁りましたね。あの時間があったから、今私はここにいるなって思います。夫や義母に相当かき回されましたけど、最初の結婚から離婚までの流れは、自分を構築するためには、必要なことだったんだな、と今ではわかります。そのときは必死でしたけどね」。

同時に食べるための仕事も始めます。月曜から金曜日は会社員として働き、土日は小料理屋さんでアルバイトを。お酒が飲めない久保さんにとって、タバコとアルコールの匂いの中で立ち働くことはどんなに大変だったことか。「ヘンなおじさんに声をかけられたり(笑)。これから自分はどうなるんだろうってと考え始めると、過呼吸になりがちでした」。

実は、結婚している間にパン作りの講師の資格を取り、32歳で自宅でパン教室をはじめていたそうです。離婚で一旦中断しましたが、知り合いから声をかけられて、居抜きの店舗で1か月という限定期間の中、パン屋さんを開業したことも。そこで行列ができたことで、「パンで生きていく」と確信を持つことになりました。

夫婦は見えない波動を与え合っている

ところが……。せっかく自分の足で歩み始めたと思いきや……。離婚して4年が経った頃、久保さんは元夫と一緒に暮らしはじめるのです。いったいどうして？「いろんな事務処理があって夫と会ったときに、彼がまるで廃人のようになっていたんです。後から知ったんですが、脳梗塞で一度倒れたのだとか。この人、私がいないとダメなんだなって思ったんです。まあ、私もひとりよりふたりの方が経済的には好都合だし、やっぱり一緒にいると安心感があったんですよね」。離婚の際に、久保さんはご自身の思いをご主人にすべてぶちまけていました。「義母のことなど、自分が感じていたことをすべて話しました。夫は、『本当にすまなかった』と言ってくれました。そして義母に対しても「輝美に謝れ」と言ってくれて。それを聞いたとき、なんとなく理解をしてくれたんだなと感じましたね。入籍は保留にして1年間ぐらい一緒に暮らしてから、お互いに『よし』と確認を取ってから再婚しました」。

ちょうどその頃、夫は北海道に転勤。これがふたりにとって大きな転機となったそう。

久保さんも、北海道という土地の魅力に惹かれて、夏は浦和のお店を休んで単身赴任先へ訪れるように。「実は夫は、最初は北海道に行きたくなかったんです。『仕事は東京が中心だ』と思いこんでいるような人でしたから。でも、いろいろな状況が重なって、自分が行くしかなくなった。すると、札幌が夫の考え方を変えてくれました。札幌の人たちの素晴らしい人間力、みんなで助け合って生きている姿に触れて、こういう生き方があるんだ、という『もう1本の道』に気づいたみたい」。

人は、どうしてひとりではなくふたりで生きようとするのだろう？　そんな大前提を考えてみたくなりました。もちろん男女が惹かれ合い結婚するのは、子孫を残すため、という生物学的な確かな理由があります。でも、久保家にも我が家にも子供はいません。だったらどうして？　もし久保さんが結婚しなかったら、見知らぬ東京という地で寂しい思いをすることもなかったし、お義母さんとの関係に頭を悩ますことも、無理して居酒屋でアルバイトをすることもなかった。でも、ひとりの男性と出会い、この人と生きていこうと決め、共に暮らし始めたからこそ、久保さんは今の久保さんになった……。そこには、ひとりでは得られなかった人生がきっとあるのだと思います。ひとつではなく、ふたつの生き方があるからこそ、人は悩み、考え、発見し、ひとりではなれなかった自分になれる気

夫婦の
本当の姿は
ひとりとひとり。
相手を
変えるのでなく
まずは自分が
変わることから

がします。

夫婦は互いに「見えない波動」を与え合っているんだなあと、50歳を過ぎて感じるようになりました。仕事をしていると、どうしても「ひとりで頑張っている」と勘違いしてしまいます。夫になんて何も与えてもらっていないし、ここまできたのは「私」が頑張ったからと。でも、ふと振り返ると、出張に出てずっと家をあけても文句ひとつ言わず、「おかえり、お疲れ！」と迎えてくれるから、私はまた明日、明るく出かけられます。買い物をしたり、模様替えをしたりと新しいことに取り掛かるとき、考えないですぐ走り出す私の横で、緻密にいろいろな情報を集め、慎重に準備をする夫の姿は、「一歩一歩」という歩み方を無言で教えてくれます。ともすれば、夫に望むのは「たくさんお金を稼いできてくれる」とか、困ったときに「的確なアドバイスをしてくれる」など、「すぐ効く」ことばかりを考えがちです。でも、夫婦って、毎日毎日一緒に過ごしながら、互いに自分の人生を歩んでいるうちに、個々が少しずつ育くんだ波動を交換しあっている……。それはごく微細な波動かもしれないけれど、長年降り積もることで、じわじわと互いの内臓に効いてくるような気がします。

言葉を変えれば人生が変わる

ちょうどその頃久保さんが、札幌の本屋さんで出会ったのが、あの私が真似をして買った『もう、不満はいわない』でした。久保さんはこう語ります。「これをやってみて、不満を言うことで、自分自身をブラックホールに落としている、ということがわかったんです。だから私の人生、こうなっちゃっていたんだ！　って。私は、相手を批判して不満を並べるだけで、ちっとも自分に向き合っていませんでした。そのことにやっと気づいたんです。現実は変えることはできないけれど、その現実を『どう捉えるか』は自分にかかっている。マイナスに捉えたら、現実もどんどんマイナスに。それを、言葉を変えるだけでプラスへとひっくり返すことができる。自分のフィルターを変えるだけで、どんどんいい現実が訪れるようになり、プラスのスパイラルに入っていくことができるってことがわかりました。私は今まで、全部相手のせいにして不幸を背負っている、と思っていたけれど、自分の中にこそ原因があったんだ、と考え方がくるりとひっくり返りました」。

これを機に、久保さんは夫婦がうまくいかない原因を「相手」の中に探すのではなく、

夫婦の
本当の姿は
ひとりとひとり。
相手を
変えるのでなく
まずは自分が
変わることから

自分の中を掘って、そこに再構築のための種を巻き始めました。つまり、相手を変えるのではなく、まず自分自身が変わるということ。

すると……。一緒にこの「ブレスレッドトライ」をやってみた、という夫にまで大きな変化があったそう。「彼は仕事一筋でやってきた人でした。仕事だけが自分の人生だと思っていたと思います。でも、私がこんなに暴れた（笑）ことで『仕事だけじゃないかもしれない』ということがわかり始めたようです。まず、家庭＝生活がうまくいかない限り、仕事もうまくいかないってことがわかったみたい。実際に離婚したときは、仕事上でもいろいろなトラブルを抱えていましたから」。

再婚後に訪れた2度目の離婚危機

ところが……夫婦関係がやっといい方向へ向かい始めたかに見えたのに、もう一歩踏み込もうとした途端、夫との考え方の違いに愕然とし、久保さんはまた失意の中へと入り込んでしまいます。「初めて義母から逃れて、やっとふたりで向き合えただけでした。がっつり向き合ってみたら、夫は何にもわかっていなかった……ということにがっかり。彼は相変わらず仕事一筋で、周りがまったく見えておらず、相手への思いやりがない。私はいろんな本を読んだり、人の話を聞いたりして、どんどん自分が進化していくことを実感していました。なのに夫は何も気付いていない。以前とまったく変わっていない。何を言っても響かない。これはダメだと思いました」。

もうやっていられないと、なんと再び離婚をつきつけたと言いますから驚きです。ジェットコースターのように変化する夫婦関係の話を聞きながら、これはすごいエネルギーだわ、と思いました。私も離婚経験者なので、「別れる」という行為がどれほど自分を消耗するものか、よくわかります。みんな、一度や二度「別れたい」と思っても、行動に起こさないのは、それが天と地をひっくり返すぐらい大変だと薄々感じているから。久保さんは、自分の中のもやもやを「見てみぬふり」ができない人なのかもしれません。そして、相手にぶつかり続けるパワーを持った方。それは、すなわち諦めない＝愛がある方、ということなのだと思います。

すると、今度は夫が「ちょっと待ってくれ」と言ったそう。「『何ができていないのか、

夫婦の
本当の姿は
ひとりとひとり。
相手を
変えるのでなく
まずは自分が
変わることから

教えてくれ』って言ったんです。『言われないとわからないから』って」。

こうして、久保さんは改めて夫に向けて語り始めました。毎日夜の23時ぐらいから、自分が得たこと、考えたことをコンコンと話し続けたそうです。それは、「幸せ」って何か、ということだったり、「生きる」ってどういうことか、ということだったり。「『私はこういうことを学びました。そして自分を変えることで世界は素敵に輝くと知りました。じゃあ、あなたは？』って問い続けると、少しずつ彼が変わってきたんです。仕事のことや、自分のことだけを考えていたエリート社員だった彼の中に、『輝美のこと』を考える隙間ができた。少しずつ、何をすれば私が助かるか、と考えてくれるようになりました。そして、家事全般を自然とやってくれるようになったんです。朝ご飯を作ったり、トイレ掃除もお風呂掃除も」。

23時からコンコンと話をする。それには、大きな努力がいったはず。本を読んだり、誰かから聞いて感じたことを、横にいる人に伝えることは簡単そうでとても難しい。というのも、「ああ、そうか」とわかったつもりでも、実態は「もやもや」したままで形になっていないことが多いのです。誰かに伝える前に、まずは自分でその「もやもや」を分析し、輪郭をつけなくてはいけません。もっとも誰かに語ることによって、ぼんやりしていた輪郭がくっきり立ち上がることもあるのかもしれないけれど。自分で自分のことを理解したら、今度は人に伝えるための言葉に置き換えなくてはいけません。でも、私にとっての「当たり前」が、相手にとっての「当たり前」とは限らない。つまり話をする上での「前提」が互いに違うのです。何かを伝えたかったら、一歩も二歩も前に戻って、まずは相手の「前提」という畑を耕さなくては、新しい種を撒くことができません。そんな気の遠くなる作業を、久保さんは毎晩毎晩繰り返したというのですからすごい！　でも、もしかしたら相手を耕しているつもりで、久保さんは自分自身を耕していらしたのかもしれないな、とも思います。

夫婦でも、互いの生き方には手を出せない

こうして、同居が始まったのを機に、久保さんは新たな場所を借り「ｋｕｂｏぱん」をオープンさせました。教室をメインに、週に2～3日だけお店をオープン。夫に何かを求

夫婦の
本当の姿は
ひとりとひとり。
相手を
変えるのでなく
まずは自分が
変わることから

めるだけでなく、自分は自分で行動を起こし、着々とその土台を築く……。久保さんにとって「ｋｕｂｏぱん」オープンは、お店以上の意味を持っていたに違いありません。そして、その後やっと再婚したというわけです。ただし、一緒に暮らしても財布は別々だったのだと言います。「私は夫の給料も知らないし、夫は私がいくら稼いでいるかも知らない。だからうまくいくのかもしれません。どちらかにもたれかかると『犠牲感』が出ますもんね。家賃は夫が払ってくれていますが、たとえば車が必要になったら、私は自分で買うんです。独立したふたりが共同生活している感じかな」。

一方夫は札幌から岡山勤務を経て、一昨年東京へ戻りました。すると……。「『俺、会社辞めるわ』って言い出したんですよ。やっと言ったか！　って思いました」と笑う久保さん。会社に対して忠誠心が強かった夫ですが、ここ1～2年の間にいろんなことが起こりました。体に不調があり、今も半年ごとに検査に通っているそう。「私はずっと言い続けていたんですよね。『忠誠心は素晴らしいけれど、あなた今、体にメッセージがきてるよね。一応出世コースにのって管理職になっているけれど、自分は現場主義で、上になんて行きたくない。それが体に出てきちゃっているんだよね？』って。だったら『あなたのワクワクはどこにあるの？』『やりがいはどこにあるの？』『あなたはどうありたいの？』って、ずっと問いただしてきました」。

夫婦でも、相手の「生き様」に手を出すことはできないな、と私は苦い経験の元に思います。かつて、夫の仕事がうまくいかないと「こうすればいいんじゃない？」「あれはしない方がいいよ」とずいぶん口出しをしました。でも、人は人から言われたことで自分を変えようとはしないもの。人の言葉が、自分の内側の何かとリンクして、「腹落ち」したときに、初めて「ああ、そうか」とアクションを起こし始める……。あれこれ夫に対して偉そうにアドバイスもどきを言い続けてきた日々から、20年近くが経ちました。その間に、夫はちょっと私に歩み寄り、私もちょっと夫に歩み寄ったなあと感じています。それは、長い年月をかけて、相手が言っていることを相手の姿を通して少しずつ理解したから。

私は「よし！」と思いついたらすぐに行動に移すタイプです。「あれこれ悩んでいるより、やってみなけりゃわからない」と思うから。一方夫は石橋を叩いて渡らないタイプ。慎重であらゆる危険を想定し、分析してからでないと一歩を出しません。私は夫に「行動力がない！」と言い、夫は私に「軽はずみすぎる」と注意をし……。ぶつかってばかりいました。でも、5年、10年、15年と、年月をかけて、夫は私の姿から「すぐやる」ことで、何かが必ず変わっていく様子を目の当たりにし、私は見切り発車して失敗することで、夫の

夫婦の
本当の姿は
ひとりとひとり。
相手を
変えるのでなく
まずは自分が
変わることから

言っていたリスク管理の大切さを思い知り……。夫婦は、一緒に暮らすことで、違いの生き様を見ながら、驚くほどスローなペースで自分の生き方の中へ他者の生き方の本質を取り込んでいくものなのだと思います。

まずは自分をぎゅっと抱きしめて

今年6月、なんと久保さんは「ｋｕｂｏぱん」をクローズしてしまいました。「私はパン屋をやりたかったわけじゃないんです」と聞いて、「え〜！」と思わず声をあげてしまいました。あんなに自身を支えるものとして、作り上げた場所だったのに……。すると久保さんは、こんな風に語ってくれました。「パン教室を開きながら、実際にやっていることといえば、生徒さんの悩みを聞いたり、私の体験談をお話ししたり。あ、私がやりたいことってこっちだわ、ってわかったんですよね。ベーグルは、誰かに何かを伝えるためのツールだったんです」。これからは、自分が悩んだり、立ち止まったり、落ち込んだりした中から、やっと抜け出せた経験を、周りにいる人たちに伝える仕事をしていきたいそう。時間をかけて、少しずつ歩み寄ったご夫婦が、最終的に選んだのは、すべてをリセットし「ゼロ」地点に立ち戻る、ということでした。その潔い判断に、私は呆気にとられ、「え？どうするの？」と思わず心配になりました。だって、夫は会社を辞め、久保さんはお店を閉め、おふたりは、これからどうやって生きていくのでしょう？

「来春から夫は札幌転勤になり、私も一緒に行く予定です。そして、定年退職したら、ふたりで北海道のどこか田舎に家をたてて、新しいことを始めようと思って」と久保さん。

「不安はないのですか？」と聞いてみました。

「夫は少し前から退職を考えていたようです。相談されたとき、『いいよ、どうにだってなるよ』と伝えました。私はそのとき、『もっともっと』と稼ぐことが幸せにつながるとは、もう思わなくなっていたんです。『そう言ってくれると嬉しいね。ラクになるわ』と彼も言ってくれました。結局定年までは勤めると決めたようですが、仕事中心の考え方は手放しましたね。回り道をして遠回りして、ようやく夫婦の価値観がピタッと重なってきたなあと感じています、お金があるから生きていける、いけない、という判断基準ではなく、これからの社会って、『ワクワクすること』を真ん中にして成り立っていくと思うから」。

夫婦の
本当の姿は
ひとりとひとり。
相手を
変えるのでなく
まずは自分が
変わることから

そう語る久保さんは、まるでお風呂上がりのように、さっぱりとした顔でした。無駄な不安や計画をきれいさっぱり手放して、身軽になってスキップしているよう。でも、多くの人は「お金」を手放すなんて無理！　と考えるもの……。私もまだそこまで思い切ることはできません。「仕組みを知ると手放せますよ。大事なのは、心が先で、現実が後ってこと。つまり現実は変わらなくても、『感じ方』を変えれば幸せになれるってことなんです。同じお給料でも、『もうこんなに少ないなんて』と嘆くのと『これで何ができるだろう？』とワクワクするのとでは現実がまったく違って見えてくるでしょう？　お金、お金と考えるのではなく、まずは自分が何にワクワクするのか、と考えればいいんだと思います」と久保さん。

正直に言えば、この久保さんの考えに私はまだまだついていくことができません。でも、図らずも新型コロナウイルス騒動で、自宅でじっと過ごしている時間に、この久保さんの言葉についてあれこれ思いを巡らせました。取材に出ることができず、雑誌の発刊が遅れ、世の中では飲食店が営業できず、コンサートも開けない……。「できない」ことが増える中、だったら「できること」ってなんだろう？　と考えました。私は、自分が感じたことを書くことならできます。でも、今書いているものが、お金に変換できるかどうかはわからない。もしかして、今までの行動の基準だった「お金になるからやる」という方法論を、そろそろ見直す時期にきているのかもしれない。そう感じたのです。「心が先で、現実が後です」と久保さんは言っていました。それは私に当てはめれば、「今感じていることを書く」ことが先で、「それからどうなる？」は後からついてくるということ。この変化を、私はこれから少しずつ納得し、腹に落とし、理解していくのだろうなと考えています。

そして、この世界がひっくり返るぐらいの価値観の変化を、久保さんは夫と共に少しずつ進めてこられたのだなあと、改めてその道のりの奥深さにため息が出ました。結婚して、離婚して、また再婚して。長い長い夫婦の物語は、久保さんご自身が「自分を見つける」物語でもありました。

そして、最後の最後に久保さんが語ってくれたのが、「矢印の話」でした。「私ね、矢印を相手に向けちゃダメなんだなってわかったんです。『何かをしてほしい』とか、『どうしてわかってくれないの？』とか『私、どう思われているだろう？』とか……。そうじゃなくて、矢印を自分へ向けるんです。『私は何がしたい？』『どうありたい？』『何が気持ちいい？』って。それで、『コーヒーが飲みたいな』と思ったら、自分をおいしいコーヒー屋さんに連れていってあげる、『この服好きだなあ』と思ったら、自分に服を買ってあげる。

夫婦の
本当の姿は
ひとりとひとり。
相手を
変えるのでなく
まずは自分が
変わることから

相手じゃなくて、まずは自分なんです。そうするとどんどんワクワクして、世界がキラキラ輝き始めて、人生がうまく回り始めます」。

妻は妻で、夫は夫で、自分で自分をハッピーにする。どうやら、それが久保さんのたどりついた夫婦の理想形のよう。夫婦なら、互いに助け合い、支え合って生きていくのが当然と考えがちです。でも、その本質はひとりとひとり。まずは、自分が自分の力で幸せにならなくちゃ。そう思いました。そして、久保さんがすごいのは、自分だけではなく、夫も矢印を自分に向けることができるよう、心を尽くして寄り添って、その方向を修正し続けてきたこと。こうしてやっと自分をご機嫌にできるふたりが、隣に並んだとき、幸せの矢印は共鳴しあって、よりハッピーの輪が広がっていくのかもしれません。普段生活していると、ふと目をあげると見えるのは夫の姿です。だからついあれこれ言いたくなる。でも、自分で自分の姿は見えないけれど、確かに私もそこにいる。そんな自分に気づくこと。「私って今なにをしたい？」と自分に聞いてあげること。そこからスタートしてみようと思いました。

1 言ってもわからない、と諦めない

夫に相談しても、「そもそものところ」がわかってないから、話が通じない……と思いがち。そんなときは「今の話」が「未来」の土壌となる、と言い聞かせて、一生懸命話してみることにしました。今すぐわかってもらえなくても、いつか点と点がつながって、未来の私が語ることを、きっと誰よりもわかってくれるはず。大切なのは、話し続け、夫婦それぞれの小さなヒストリーを共有することなのだと信じたいと思います。

2 自分の言葉のクセを変えてみる

「どうせ私なんか」「そうは言っても……」。よく口にする言葉には、その人のものの考え方のクセが現れます。「すみません」の代わりに「ありがとう」と言ってみる、など、言葉を変えると、自分の心の持ち方までが変わるよう。それは、夫にかける言葉にも有効なのかもしれません。「また出しっぱなしじゃない！」から「それ、片付けてくれると嬉しいんだけど」へ。自分の言葉の総点検をしてみたら、夫婦の関係がどう変わるか、実験してみたら楽しそう！

3 まずは自分を大事にしてみる

「私は、私のことを大事にしているだろうか？」と考えてみました。そして、自分で自分にご褒美をあげることに。ひと仕事終えるたら、おいしいケーキを食べに行く。部屋をきれいに片付けたら、ちょっと高い和菓子を買ってくる……といった具合です。誰かに褒めてほしい、と思いすぎると、褒めてもらえないとイライラします。だったら、先回りして自分で自分に拍手！そして、自分が満たされたとき、自然に人にも優しくなれる気がします。

子育ては
助けてもらわなくちゃ、
つらすぎる。
まずは、
自分のための主張を
声にすることから

本多さおりさん（整理収納コンサルタント）

年齢・36歳／夫の年齢・36歳／結婚した年齢・25歳／子ども・2人（4歳男児、2歳男児）

本多さおり（ほんだ・さおり）　1984年埼玉県生まれ。金融関係の企業に勤務ののち、整理収納コンサルタントに。個人宅への整理収納サービス（現在は休止中）、雑誌・書籍の出版など幅広く活動。無理なく、暮らしやすい家づくりのスタイルに多くのファンを持つ。著書多数。高校時代からの付き合いである夫、2人の男児（4歳・2歳）とともに暮らす。

ひとりで生きることと、ふたりで生きることはどう違う？

新型コロナウイルス感染症による非常事態宣言が開けた6月、私は突然仕事で忙しくなりました。一方夫は、まだ完全に再開できず自宅待機。朝「今日休み？」と聞くと「うん、休み」と言うので、「だったら夕飯お願いします」と頼んでみました。すると、ちゃんと作ってくれるようになりました。しかも、疲れて食べ終わった後、ごろりと横になって起き上がれない私に代わってさっさと片付けも。料理から片付けまで一連の流れを、すべて自分で手掛けたことで、彼の中でカチリとスイッチが入ったようです。なんと、ガスレンジまで洗ってくれるようになりました。朝起きると、私はなんにもしていないのに、ピカ〜ンと隅々まで光ったキッチンが待っていて、嬉しくてニマニマしてしまいました。何かの本で、男性は「役割を与えられないと動けない」と読んだことがあります。「私が忙しそうにしていたら、察して手を差し伸べてほしい」というのは無理！　ちゃんと「これはあなたに任せたからお願いね」と「役割」を固定すれば、自分の責任を果たしてくれるようになるのだとか。

夫にやってほしいことを伝え、役割分担をする、ということはほんのささいなことであっても驚くほどハードルが高いもの。そもそも「これをしてほしい」と口に出すことさえ、「私がやった方が早いかも」とか、「彼だって仕事が忙しいんだよね……」とためらってしまいがちです。その結果、自分自身の機嫌が悪くなり、プリプリ怒りながら家事をして、そんな自分に「私ってなんてイヤなやつ……」と落ち込んで、負のスパイラルに引きずり込まれていく……。そもそも夫の役割、妻の役割って何なのでしょう？　縁あって結婚し、ひとりではなく、ふたりで人生を歩む……。そうやって、ライフステージが変わったとき、ひとりで生きていた時代と、何がどう変わるのでしょうか？

幸せそうな家族の裏に、子育てのつらさが隠れていた！

整理収納コンサルタントとして活躍する本多さん。今まで数々の本を出版。ご自身の生活実感の中から生まれた片付けノウハウは、読んでいるだけで「そうそう、そうなのよ」

子育ては助けてもらわなくちゃ、つらすぎる。まずは、自分のための主張を声にすることから

と自分の心の中まで整理されていくよう。決して無理をせず、片付けることで、イライラや困っていることがひとつなくなる……。そんな整理収納の提案が多くのファンを育てています。私は、結婚して住んでいらっしゃった団地、そのあとに引っ越された賃貸マンションと、新しい生活を始められる度に、後を追いかけるようにして取材をさせていただきました。そして今年、中古マンションを購入し、リノベーションをして引っ越されたと聞いて、さっそくインテリア取材に伺ったのです。築14年のマンションを、一旦スケルトン状態まで解体し「家事がラクになる部屋」をコンセプトに作った新居は、家事動線が一直線になって、洗濯から料理までがいたってスムーズ。しかも、間仕切りなしの広々とした部屋は、子供たちが駆け回って過ごすことができます。仕事も順調で、こうして新居を手に入れ、家族と暮らす。望んでいたものは、すべて手に入れたかのような幸せな日々かと思いきや……。

「いやあ、もう子育てがつらすぎて。夫に対しても不満が爆発して、ついこの間、子供たちを母に預けて、居酒屋に呼び出し、思いをぶちまけたばかりだったんです」。取材が終わってからの雑談で、思わず飛び出した本音に「え〜っ！」と声をあげてしまいました。

よくよく聞けば、次男が想像以上に手がかかり四苦八苦なのだとか。「つい最近も、保育園のお迎えからやっとマンションに到着したと思いきや、ちょっと目を離したすきに次男の姿が見えなくなって……。ひとりで目の前の道路を横切ったらしく、向かいの公園にいる姿を見つけたときには倒れそうになりました。もし、車が通っていたら……と思うと、子供の命を自分の手に握っている責任にクラクラしたんです」と教えてくれました。

片付けなら、自分がラクして持続できるしくみを作りさえすれば、出したものを元に戻すだけで確実に片付きます。原因と結果が直結し、それでも散らかってしまうなら、原因を見直せばいい。でも、子育ては、考えても考えてもうまくいかず、どんどん自分が疲弊していったそう。さらには、そんなつらさをご主人がわかってくれないのがよりつらい……。どうやら、私が訪ねた頃は、その想いがマックスだったようです。

「してあげる」「してもらう」という夫婦の微妙な関係

私は、まだお子さんが生まれる前の本多さん夫婦の姿をよく覚えていました。伊勢丹新

子育ては助けてもらわなくちゃ、つらすぎる。まずは、自分のための主張を声にすることから

宿店で開催された「暮らしのおへそ」のイベントに、来てくださったのです。本多さんは、初めてのご著書を出されたばかりで、それを持って会いに来てくださいました。後から聞いたところによると、「暮らしのおへそ」のファンでいてくださって、夫が「本を持って行って渡した方がいいよ」と背中を押してくれたのだとか。「うちの夫は、私の夢を自分のことのように応援してくれるんです」と語られていて、なんて仲がいいご夫婦なんだろうと、すらりと背が高いおふたりを眩しく見つめたものです。あのときの仲良し夫婦はいったいどこへいってしまったのでしょう？　そこで今回、今まで収納の話しか伺ったことがない本多さんに、初めて「夫婦」の話を聞かせていただくことにしました。

まずは、「前はもっと仲良しでしたよね？」と直球で聞いてみました。すると、「子供を産んだことで大きく変わりました。以前は夫のことをもっとかわいがっていたと思うんです」と本多さん。え？　夫をかわいがる？　「夫は末っ子で甘えん坊で、いろんな人にかわいがられて人生を過ごしてきたタイプなんです」と本多さん。取材の際にちらりとお見かけした姿は、がっしりとした体格でそれは強そうだったのに……。「俺についてこい！ っていうタイプではないんですか？」と聞いてみると、「全然違います。ついていくので、運転はよろしくお願いします、っていうタイプです。そもそも彼の家族の中での立ち位置がそうだったんですよね。両親が導いたレールの上を上手に進みつつ、ふたりの姉のいいところを真似して……」と教えてくれました。

高校の同級生だったというおふたり。最初に好きになったのは本多さんの方。「いつもおどけていて、大きな声で笑ってて。とにかく明るい人なんです。私が通っていたのは真面目な校風の学校だったので、その明るさが光って見えたんですよね。クラスのムードメーカーっていう感じでした。友達に協力してもらって、私から告白したんです」。

別々の大学に通い、就職して3年目の25歳のときに結婚。この人が生涯の伴侶だという決め手は何だったのでしょう？「一緒にいて、精神が安定するんです。楽しませてくれるし、害がないんですよね（笑）。喧嘩でも、私が何か言い出さない限り、向こうから仕掛けてくることはありません。平和なんです。結婚後も私の機嫌のアップダウンに耐え忍んでくれました」。つまり結婚当初から、暮らしはすべて本多さんペース。「私はたぶん、やってあげたい派なんです。主導権を握るほどではないかもしれないけれど、誰かに引っ張ってもらうよりは、自分で考えて動きたいタイプ。夫は逆に、もし身近にそういう人がいればラッキー！　ついて行こう！　っていうタイプで……。『あなたがいいと言うなら、僕もいいと思う』という人なので、相性がよかったんだと思います」。それにしても、25

子育ては助けてもらわなくちゃ、つらすぎる。まずは、自分のための主張を声にすることから

歳という若さで、ご自身のことをきちんと分析できたクレバーさはさすがです。

いつか白馬に乗った王子様が迎えにきてくれる……。私はそんな「シンデレラシンドローム」は幻だとずっと自分に言い聞かせてきました。仕事がうまくいかなくて、落ち込む度に、この「誰かに幸せにしてもらいたい」という依存心がムクムクと心の中に湧き上がりました。でも、「そうじゃなくて、自分の人生は自分で作りあげなくちゃ」と、頑張ってきたのです。でも……。50歳を過ぎて、逆にもう少し肩の力を抜いてもいいんじゃないかと思うようになりました。ひとりで頑張らなくても、ちょっとは横にいる「我が家の王子様」に頼ってもいいんじゃないか。助けてもらって、自分の荷を下ろし、相手の力で幸せになる、という方法だってありじゃないか……。それは、私にとってのいい意味での「第二期シンデレラシンドローム」でした。「してもらう」「してあげる」という関係性は、時々交代してもいいのだと思います。夫婦ふたり暮らしのとき、子供が産まれたとき、子供が巣立ったあと、老後……。長い人生の中で、できる方ができることをする。夫婦は、そうやってバトンタッチしながら生きていくものなのかもしれません。

自分がやりたいことが見つからない、と悩み続けた暗黒時代

本多さんには、夫に出世してほしい、という願望はあまりなかったのだと言います。「生きていくにはお金が必要だし、子供を育てていくにはお金がかかる。お金って本当に大事なんだなってことが、やっとこのごろわかってきたぐらい（笑）。彼自身にも出世欲はあるのかないのか、どっちつかずな感じ。出世をすれば年収は上がるけど、その分責任が重くなって家庭の時間も犠牲にすることが目に見えているようです」。

結婚当初、意外や本多さんは専業主婦でした。そして、夫との喧嘩の種は、もっぱら本多さんの仕事について。夫は本多さんにも働いてもらいたかったのだと言います。「自分の収入だけじゃ不安だし、『俺について来い！』っていうタイプでもないから、『俺がぐらついたらふたりとも倒れる』という不安があったみたいです。『あいつの家は、ダブルインカムだから強いよな〜』って知り合いの話をしたり……。『それって私への嫌味？』と喧嘩になっていました。『いや、私だって働くよ』『ちゃんと考えてるよ』って」。

実は本多さん、苦労してやっと就職した会社を1年で辞めてしまった、という苦い過去

子育ては助けてもらわなくちゃ、つらすぎる。まずは、自分のための主張を声にすることから

を持っていました。「私は優等生気質だったので、親の期待に応えて真面目に勤めようと思ったのに、それができなかったのがすごくショックで。金融系の会社に総合職で入ったのですが、入社してから『私は、こんなことをやりたいなんて、思っていなかったんだ』って気づいちゃったんです。営業職だったのですが、仕事の本当のつらさも経験しないまま、『私の居場所はここじゃない。こういうところで力を発揮する人間じゃない』って思ってしまって。どんどん心と体のバランスを壊してしまいました」。

このときは、自分を生かせる仕事ってなんだろう？　本当に好きなことってなんだろう？　とずっと悩み続ける暗黒の時代だったのだとか。「私の人生の師匠みたいなカフェのオーナーが、いろいろアドバイスをくれました。あるとき相談に行って『高校生の頃から、自分がやりたいことを探しているのに、全然わからない』って言ったら、『探しても見つからないはずだよ。だって、好きなことって、もう絶対にやっているはずだから。好きなことって、知らず知らずのうちに、やっちゃっていることなんだよ』って教えてくれました。私はそのとき、まだやったことがないことを探していたんですよね。『もうやっていることってなんだろう？』と自分の周りを改めて見渡してみたら、『私、片付けてるわ～！』って思ったんです（笑）。カフェや化粧品売り場などでアルバイトをしていたときも、暇さえあれば、片付けていました。バックヤードや在庫の倉庫ってすぐに散らかるんですよね。私がやらずにはいられないことって『片付け』だ！って思ったんです」。

ちょうどその頃、整理収納アドバイザーという資格があることを知りました。さらには雑誌「エッセ」の読者リポーターに応募すると即採用。整理収納アドバイザーの資格を取りながら取材を受け、思いついたことをどんどんやってみたそう。これが、今の本多さんの仕事の始まりでした。資格取得後は、個人宅へのお片付けサービスを開始。仕事はたちまち軌道にのり、たまたまブログの読者だった編集者に声をかけられて、初めての著書の出版もトントン拍子に決まりました。

そんな本多さんの様子を隣で見ていた夫は何か言ったのでしょうか？「彼は、とにかく私が仕事をしてくれれば嬉しい、と思っていたようで、『あ、この人なにかやりたいことを見つけて動き出した！』と応援してくれましたね。『お金稼げるの？　わあ、いいじゃない。本出すの？　すごい！』っていう感じでした」と笑います。

「何曜日にゴミを出すのか知ってる？」と夫に問い詰めた日

ところが……。仕事が忙しくなるにつれ、だんだん家事との両立が難しくなってきました。そんなある日、本多さんはとうとうプチン！　と切れてしまったのだと言います。「結婚2年目のある夜、いきなり夫を揺り起こして、『あ〜！　なんで私ばっかり！』って大声出しちゃいました」と本多さん。いつもお話するときには、穏やかで感情のアップダウンがないように見えるので、びっくり！「それまでは、時間的に余裕があったし、家事も好きだったので、夫が手伝ってくれなくても、ま、いいか、と思っていました。でも、料理は当時から嫌いで……。どうして私ばかりが毎日ご飯を作らなくちゃいけないんだろう？　って思っていたんです。そして、仕事が軌道に乗り始めて、時間に余裕がなくなって……。あの日夫は早々に寝ていたんですが、私は洗い物や残った家事をやりつつ、メールも返さなくちゃ！　などいろんなことをあれこれ考えていたら、だんだんイライラしてきて、それまで溜まっていたものと一緒になって溢れ出し、ドヒャ〜って出ちゃったんですよね。寝ている夫を見たときに、ものすごく腹が立って……。どうして私ばっかりが、家を回すことを考えてるの？　って。もうすぐ冷蔵庫の牛乳がなくなるとか、明日は雨だから洗濯物は部屋干しだなとか、生活って、考えなくちゃいけないことだらけじゃないですか？　ふたりで暮らしているのに、どうして私ばっかりがその運営を任されて、ひとりでやってるの？　これってすごくおかしいよね？　と思ったことをダ〜ッと話しました。そして、『考えてほしい』って言ったんです。『何曜日に何のゴミを出すかも頭に入っていないよね？　そんなことを何にも気にしないで生活が回っているなんて、あなたはおかしいよ！』って」。

自分が「できないこと」に正直……。これは、本多さんを取材する度に感じていたことでした。そもそも整理収納も、「いちいちゼロから片付けるのが面倒」だから、「ラクして片付くためのシステム」を工夫することからスタートしたのだそう。キッチン道具の取材の際には「料理がとにかく嫌いで」ときっぱり。「そんな私を助けてくれるんです」と、愛用のザルとバットを紹介してくれました。

きっと本多さんは、整理整頓がお得意だけに「現状の把握能力」がとても高いのだと思います。そしてここに、本多さんの夫婦としてのあり方の大きなポイントがあるような気がします。それは、「自分の権利をきちんと正しく主張する」ということ。「どうして、私

子育ては助けてもらわなくちゃ、つらすぎる。まずは、自分のための主張を声にすることから

ひとりで生活を回さなくちゃいけないの？」という疑問は、「ふたりで暮らしているのだから、あなたにも生活を回す役目が半分あるはず」という主張とイコールです。ただしそれは、現実に「半分手伝って」という意味ではなく、「暮らしは勝手に回っているのではない、と気づいて」ということ。そうやって、自分が本当に何を望んでいるかをきちんと分析し、声にできるのがすごい！

女性は、「自分の権利」をきちんと手にすることが、とても苦手です。「夫も忙しくて疲れているんだから、頼んだら悪いし」など、周りの状況ばかりを指折り数え、本当に自分が必要なことにフタをしてしまいます。その都度言わずにため込んだ不満は、少しずつ発酵し、別のものに形を変えていきます。その場で言えば大したことがなかったのに、ため込むから、得体のしれない不満へと変わっていく……。

私自身も夫婦間に限らず、どんなときにも「自分の権利を主張する」ということがなかなかできません。仕事でも、「私ばっかりが仕事量が多いよなあ」「もう少し手伝ってくれればいいのになあ」と思いながら、そう伝えることができない……。「これは、みんなでやる仕事なんだから、やってもらって当然」となかなか思うことができないのです。どうしてなんだろう……と思い巡らせてみると、自分自身が、役割分担の線引きをきちんと把握できていないから、と思い至りました。つまり責任のありどころが、自分の中で明確になっていないのです。まずは、整理整頓が大事なんだということがわかってきました。今手掛けていることをちょっと引いた目で眺めてみて、自分が担当している分野が、本当に「私がやるべきこと」なのかを点検する。さらに、誰が何を手がければ全体がスムーズに回るかを考える……。そんなプロセスが必要なのかもしれません。

あの「ぶち切れた夜」から、夫は少しずつ変わっていったそうです。「彼は基本的に素直なので、『はい、おっしゃる通りです』と聞いてくれました。最初はご飯を食べたら、そのままソファーに寝転がる、という昭和のお父さんみたいな感じだったんですが、少しずつ手伝ってくれるようになりました。私は、アルバイトの子に仕事を教えるような感覚で、ここから洗剤を出して、これぐらい入れて……と説明したんです。そうしたら、面白いことに、彼が『この部屋は、片付けたくなる部屋だったんだ！』と言うようになりました。ものが行動に沿って配置されていたり、よく使うものはパッと取れるようになっているので、『取って、使って、また戻す』のに負担がない、ということに初めて気づいたみたい。私がやってきた整理整頓の仕事の意味を、やっと理解してくれたようで、嬉しかったですね」。

子育ては助けてもらわなくちゃ、つらすぎる。まずは、自分のための主張を声にすることから

子供が生まれて、ああ幸せ〜と浸れた日は1日もなかった

結婚して6年間は夫婦ふたり暮らしだったという本多さん。雑貨を買いにショップ巡りをしたり、その帰りにおいしいレストランをピックアップして、寄ってみたり、好きな宿を探して泊まりに行ったり、と週末になるとふたりの時間を楽しんでいたそうです。ところが……。第一子を出産後生活が激変。「私は子供が好きだし、従兄弟の子供などと触れ合う機会も多かったので、子育てには自信があったんですよね。自分の子供が産まれたら、自然にかわいがられるし、世話もできるはずって。なのに、全然違いました。もうつらすぎる〜って思ったんです」と本多さん。

もともとひとりっ子で、仕事もフリーランスでひとりで動くことがほとんど。「私はひとりがすごく好きだったんだって、初めて気づきました。子供を産んでひとりの時間がなくなって、ソロ活動ができなくなることが、想像以上のつらさで苦しみましたね。しかも保育園にすぐには入れなかったので、1年間ずっと家で面倒を見ていて……。『赤ちゃん、

かわいい〜！　ああ幸せ〜』って浸れた日って、実は一度もなかったかもしれません」。

なんて正直な人なんだろうと思いました。「これは無理」と思うことをちゃんと自分で認めることができる……。そのつらさをどうやって自分の中で消化したのでしょう？「つらい理由を考えてみたんです。そうしたら、つらいのはひとりで育児をやっているときだと気づきました。夫がいる休日や、母が来てくれているときには、つらくないんです。同じことをやっているのに……。つまり、同じ空間に自分の他に大人がいることが大事で、ワンオペがダメなんだということがわかってきました。たとえば何をやっても赤ちゃんが泣き止まないとき、『どうにも泣き止まないね〜』と一緒に言ってくれる人がそばにいると全然違うんだと」。

そこで、夫に協力を求めることに。でも……。「夫の仕事はとにかく朝は早いし、夜は遅い。子供が起きている時間にはいないから、まったく戦力にならない状態でした」。ふたりの子供のはずなのに、どうして私ばかりが子育てに責任を負わなくてはいけないんだろう？　それは、きっとどんなお母さんもが思うこと。「保育園に入れたいと奔走していたときにもそうでした。どうして私ばかりが保活をしなくちゃいけないのよ！　って文句を言うと『だって、お母さんが働くために入れる場所でしょう？』って言うんです。もう

子育ては助けてもらわなくちゃ、つらすぎる。まずは、自分のための主張を声にすることから

カチンときましたね。『じゃあ、私のわがままで保育園に入れようとしているってこと?』ってつめよりました。自分が話したことに対して、相手がどう返してくるかで、ああ伝わっていないなとか、そう考えちゃうんだなと、いろいろなことが見えてきますよね。でも、そのままじゃ困るから、どんなにプロレスみたいな喧嘩をしても、私は私が言いたいことを伝えていましたね」。

伝えたかったのは、「当事者意識をもってほしい」ということ

さらに、ひとり目の子育てのつらさが解消されないまま第二子を出産。次男が生後2か月半、長男が2歳のときにやっと一緒の保育園に入れることができたそう。それでもつらい……。ある日、乳腺炎で高熱が出て病院へ。点滴を打ってもらいながら涙が止まらなくなり、夫に対する思いをラインに書いたのだと言います。その中身を少し見せていただき

ました。そこに赤裸々に綴られていた言葉は、子育てで悩む多くのお母さんが、悶々と心の中で持ち続けていることを見事に言語化しているようにも思えました。

「育児にも仕事にも責任がある。代わりがいないという孤独感。子供の具合が悪いときは自分が肩代わりするしかないという不公平感。そして自分が体調不良のとき、代わりがすぐに見つからないことの怖さ、つらさ……。本ちゃん（夫のこと）の仕事の事情は察している。でも、最悪、体を空けられないとしても、心のフォローを頼みたい。電話で『大変だね』と声をかけてくれるだけでも違う。本ちゃんは、家から一歩出たら、もう子供のことは私の責任で、自分がどうこうしなくても大丈夫という姿勢が本当に理解できない。なんで当たり前にそうなの？　以前に比べると、きめこまやかな家事をだいぶやってくれるし、休日は子供たちの遊び相手になってくれるからすごく助かっている。でも、もう今回は限界を感じてる。このままでは本ちゃんにどんどん不信感が募るし、育児がつらくなるし、最悪の最悪は子供たちをかわいく思えないことにもつながりかねない」

このラインの文章を「夫への文句」だけで終わらせなかったのが本多さんのすごいとこ

子育ては助けて
もらわなくちゃ、
つらすぎる。
まずは、
自分のための
主張を声に
することから

ろ。その下には「してほしいこと」が箇条書きになって続いていました。

「・育児の責任は母、自分はサブという意識をやめてほしい。
・私が倒れたときになるべくすぐバトンタッチできるよう、普段から職場で話しておいてほしい。
・保育園のことにもっと積極的に関わってほしい。

要は、物理的にどうこうしてほしい、というわけではない。育児は母の仕事で、自分はあくまでサブという考え方はやめてほしい」

この騒動の後、夫は毎日子供たちの朝食用にサンドイッチを作ってくれるようになったそうです。「たぶん私は物理的なことではなく、『当事者意識を持ってくれ』ということが伝えたかったんだと思います。家にいてほしいけれど、それがとてもかなわない職場でした。だったら妻の負担を軽くするには何ができるのか？　そういうことを自分で考えて行動してくれたら、それだけで救われるって思いました。『何ができるか、今ここで考えて』

って言ったら『じゃあ、朝ごはん作る』って彼が言ったんです。最近は『自分の役目』と思ってくれているよう。毎日やるから、ちゃんと食パンの在庫を確認するようになったし、朝早い出勤で、サンドイッチができないと思ったら、前の晩にコンビニで菓子パンを買ってきて『明日はこれをあげてくれ』って私に伝えてくれます。それでずいぶん楽になりましたね。時には夜更かしをして朝8時くらいまで寝てしまう日があります。子供たちは先に起きておもちゃで遊んでいたりするのですが、『まあ、いいや。もうちょっと寝てよ』と思えるのは、やっぱり夫が朝ごはんを作ってくれるから。それだけでもだいぶ違いますね」と本多さん。

実はあのラインは、実際には送らずに画面を見せて読んでもらったそうです。そうしたら夫が「また見返すから送ってくれ」と言ったのだとか。

「ワ〜ッて私がキレて文句を言って、やっとわかってくれたと思ったのに、すぐ忘れて。その度に『おいおい』と声をかけて、また大爆発をしてアップデートして。だからうちは『アップデート夫』ですね（笑）。夫は自分で察して気づく……というのはできなくて、こっちから働きかけないとダメ。だから、どれだけ具体的に伝えるかが大事です。ただ『つらい』だけじゃなくて、つらい理由を考えて、こうだからつらいんだってことをまず共有

子育ては助けてもらわなくちゃ、つらすぎる。まずは、自分のための主張を声にすることから

してもらって、そこから何をしてもらったら嬉しいかを具体的に考えていくんです」。

夫婦のことを考えるとき、「夫とはどんな人なのか」という視点より「男とはどんな人種なのか」と、ひとまわり大きな枠で捉えてみるのは、なかなか有効だなあと考えています。「どうしてわかってくれないの？」「どうしてそんなことを言うの？」と夫に対して怒ったり、がっかりしたり。あまりにも思い詰めると夫の人間性までを否定したくなります。でも……。一歩引いた目で見れば、もしかしたらそれは、「どう手伝えばいいかわからない」というスキルの問題なのかもしれない……とわかってきます。

私が夫に対してムカつくのが「えらそうに意見される」ときです。何か失敗して落ち込んでいるとき、私がほしい言葉は、「残念だったね」「元気だして」という心を重ねた一言です。なのに「ちゃんと準備しておかないからだよ」「それは、不注意だったね」と上から目線で間違いを指摘されたり、落ち度を分析されるとがっかり……。どうしてこの人は、こんなに冷たいのだろう？　と悲しくなったものです。やっと最近、「意見する」ということは、私のことを「心配する」とイコールなのだと少しずつわかってきました。心配だから、「もっとこうしたらいいんじゃない？」と指導したくなるのです。でも、いきなり上から目線で言われるとムカつく……。それを、ムッとせずに柔らかく受け止めるコツは、

「私が言ってほしい言葉」を期待するのではなく、「彼がこう言いたい理由」を理解することなのかもしれません。

「夫に優しくなりたい」という思い

育児のつらさから、夫に何度もダメ出しをしてきた本多さんですが、高校時代からの「好き」という気持ちに変わりはないのだといいます。

「夫は仕事での上下関係の中で苦労も多いようで、そういうしんどさも慮ってあげられたら……といつも思うんです。でも、それよりも、今は『わかってもらえていない』『わかってほしい』という気持ちが強い。『違う!』『そうじゃない!』と伝えて、ちょっとでもわかってもらって前進することが、彼のことを思いやるための近道かなと思っています。自分の不満が少しでも解消されないと、夫に対して優しくできないとわかっているので」。

つまり、本多さんは根っこの部分で夫に優しくなりたい、と願っているということ。そ

子育ては助けてもらわなくちゃ、つらすぎる。まずは、自分のための主張を声にすることから

れにしても「わかってもらいたい」という思いの強さには驚きます。普通なら、諦めてしまったり、「私が頑張ればいい」とひとりで抱え込んでしまいがちなのに……。するとこう語ってくれました。「私も最初は自分だけで頑張ったんだと思います。でも頑張っても全然何も解決できなくて、つらいだけだった。その中で、根本的にひとりでやっちゃダメなんだ、と気づきました。育児って『やめられないつらさ』があるんですよね。『つらいからこれはやめよう』ってことができないんです。だから、夫に『あなたも責任者になってよ。当事者になって、一緒につらいって思ってよ』と言いたいんだと思います」。

夫に優しくしたい……とは私もよく感じることです。なのに、夫がすることなすことに腹が立ち、プリプリ怒ってしまうのは、自分の仕事がてんこ盛りで余裕がないときなのだ、と気づきました。うちの夫はきれい好きなので、私がキッチンで料理をしていて、水や油が床に落ちると、すぐに雑巾を手にチャチャッと拭きます。私はこれをされるとものすごくムカつくのです。彼にしてみれば、「油を踏んだ足で、歩き回れば、部屋全体が汚れるでしょ」と言いたいよう。でも私は「料理をしているんだから、床が汚れるのは当たり前だよ！」と毎回ムッとするのです。ただ、そのムカつき度合いが、日によって違うことがわかってきました。「あ〜あ、また拭いてるよ」とスルーできる日もあれば、「忙しい仕事の合間に急いで料理をしている最中に、足元を掃除されるとどんな気分になると思う？正しいことをしているつもりで、相手を不快にすることだってあるんだよ」という思いが溢れてきて、言葉にはしないものの、全身で「怒っているぞ」というプリプリオーラを出しまくります。ガタン、バタンと大きな音でキッチンの扉を開け閉めしたり、「はあ〜っ」と大きなため息をついてみたり。そうやって、お腹の中で怒りが渦巻くときのことを後から思い返してみれば、大抵が、仕事が立て込んで私自身が余裕がないときなのです。ああ、自分のコップがいっぱいだと、人に優しくできないんだなと、寝る前に反省します。

夫がそんなプリプリオーラを出すことはほとんどありません。一緒に暮らしている相手が、私みたいにいつもプリプリしていたらつらいだろうなあ、あんなに怒らなかったらよかったなあ、どうして私ってあんなに怒りっぽいんだろうといつも後悔します。そして、こんなに怒ってばかりの私に付き合ってくれる夫には本当に感謝したくなるのです。50歳を過ぎたこのごろ、夫婦でご機嫌に過ごすって大事だな、という気持ちがより強くなってきた気がします。

子育ては助けてもらわなくちゃ、つらすぎる。まずは、自分のための主張を声にすることから

ひとりの力では解決できないことがある

まだまだ子供たちに手はかかるものの、昨年から本多さんは本格的に仕事を再始動。子育ての苦労の中で改めて「片付ける」ということの力を実感しているのだと言います。「私がやってきた片付けや収納って、人を助ける工夫なんですよね。片付け＝面倒くさいではなくて、ちょっとものの置き方を変えるだけでラクになったり、収納を見直しただけで忘れ物がなくなったり……といいことだらけなので、とても徳の高い行いだ、と思っています。私自身も、子供たちが保育園に行ったあと、ひとりで自宅に戻って、おもちゃやいろんなものを元の場所に戻していると、だんだん心が落ち着いてくるんです。ああ、私には『収納』という暮らしのテーマがあって、よかったなあって思うんですよね」。

今はご自身の書籍を作ったり、雑誌の取材を受けることが中心ですが、もう少し余裕が生まれたら、個人宅を片付けにいくという「整理収納サービス」を再開させたいそう。「私は、やっぱりこれをやりたいんだなあと思っています。いろんなお宅に行って、様々なケースを見て、その都度解決法を提案するとフィードバックがあるんですよね。その経験こそが自分の糧になっていると思います」。

仕事でどれぐらい儲かるといった戦略は考えるんですか？　と聞いてみました。「考えないですね～(笑)。お金の計算が苦手なんです。今回この中古マンションを買ったときも、ローンを組んだのは夫で、私はノータッチ。彼は給料から天引きでローンの口座に入るように手続きしたり、繰上げ返済を考えたり。夫は決してマメではないけれど、やるときはやるんです（笑)。行動力は私の倍ありますね」。

それにしても、これだけバトルを繰り返し、「離婚」という二文字を頭に浮かべたことはないのでしょうか？「私自身の余裕がなくて、イライラするから夫の顔がまともに見られない、という時期はあったけれど、離婚したいとまで思ったことはないかもしれません。ただ、このままいくと離婚になっちゃうんだ。人はこうして離婚していくんだなと思ったことはありますね。ちょっと関係がこじれて、会話も最小限で、何を言っても変わらないんだと諦めて、できるだけ相手を関わらないようにして、それがゼロに近づいていって……。そうするともう一緒にいる意味がなくなりますよね」。どうしてその状態を回避できたのでしょう？「私の機嫌が勝手に治ったんです（笑)。土曜日の朝に、『よ～し、今日はずっと父ちゃんと遊ぶぞ～』と公園に連れて行ってくれて、私には『自由にしていてい

子育ては助けてもらわなくちゃ、つらすぎる。まずは、自分のための主張を声にすることから

いよ』って。基本はそういう人なんです。いい夫なのに、そのことすら霞ませてしまうぐらい余裕がない時期があって……。溺れそうになる度に要所要所で持ち上げてもらって、いつもに戻ることができる。そんな感じかな。今まで私は、人生の悩みはどんなに誰かに相談しても、自分にしか解決できないことだと思っていました。でも、今の育児との格闘は、パートナーである夫と一緒の方向を見て、一緒の責任感を抱きながらやっていかないと解決できないんだなって。いろいろ悩んだ末に、大事なのはそこだなと思っています」。

新型コロナウイルス感染症による非常事態宣言で、保育園が休みになったときには、途方に暮れたのだと言います。24時間子供たちがべったりいる生活なんて……。しかも夫は変わらず毎日出勤だったそう。「子供が成長して、少しずつではあるけれどラクにはなってきていたんです。何かが転がっただけでも子供たちが大笑いして、そんな穏やかな瞬間が、5分間でも続いたら、すごく救われるなあと感じるようになりました。以前だったら、その5分の間に、どちらかは必ず泣いていたので。そして、『あ〜つらいな』と思う時間をなるべく少なくするにはどうしたらいいんだろう？　と、この新しい生活様式の中で工夫してみると、手応えを感じることが少しずつなんですが増えてきた気がします。そうやって暮らしをアップデートしていくと『あ、もしかしたらできるかも』と思えてくるんですよね。ちょうど昨日はひとりでも余裕のある夜だったので、ビールを飲みながら夕飯の支度をしていました。気持ちがよかったので、ビール片手にベランダに出て、ガラス越しに家の中ではしゃいでいる息子ふたりの姿を見ていたら、なんて素敵な風景なんだろう、なんてかわいいんだろうって思ったんです。一瞬のことでしたけど（笑）」。

私には子供がいないので、本多さんの子育ての苦悩の本質はわからないのかもしれません。でも、人生には自分ひとりの力では解決できないことがある、と知り「一緒の方向を向いて、解決していくしかない」と夫の力を頼る……という夫婦関係が、なんだかとてもうらやましく思えました。前向きな女性ほど、自分の足でしっかり立とうとし、「自分のことは自分で解決できる」と思っているのではないでしょうか？　なのにそんな自分の努力では、どうにもならないことがある、と認める、というのはすごいことです。

人には自分が弱ったときでないと見えない風景があります。失敗したり、力が及ばないとがっかりしたり、自分のふがいなさに落ち込んだり……。自分の小ささを思い知ったとき、初めて横にいる人の存在に気づき、いかにいつも助けられていたかに気づき、どんなにダメな自分でも、変わらず側にいてくれる優しさに心が震えたりします。夫婦とは、そうやって丸腰の自分になったとき、寄りかかることができる存在なんだろうなあと思いま

子育ては助けてもらわなくちゃ、つらすぎる。まずは、自分のための主張を声にすることから

す。そして、せっかくひとりでなくふたりで生きていくことを選んだのだから、「自分の力でできること」以外に、「自分の力ではできないこと」も足し算して、自分ひとりでは見られない風景を見てみたい。全力で子供と夫と向かい合う本多さんのピュアさに、自分を夫に少し明け渡してみようかと思うようになりました。

1 つらかったら我慢しない

「ああ、つらい」「ああ、しんどい」と思う自分を素直に認めていいんだ、と本多さんに教えてもらいました。ポイントは、解決策を探そうとせず、まずは「ああ、しんどいよ～」と言ってみることなのかも。優等生体質の人は、どうしても自分の気持ちにフタをしがちです。でも、正直な本音と向き合うことから、新しい生き方、暮らし方が見つかるかもしれない……。言った後で、どうしてしんどいのかな？　だったらどうしたらいいのかな？　と順番に考えていけばいいのだと思います。

2 夫に対する不満から、「やってほしいこと」を言葉で抽出する

「いつも、私ばかり部屋を片付けてるよなあ」「どうして、私ばかりご飯を作らなくちゃいけないんだろう？」夫に対する不満で、ただイライラするだけだと、何も解決できないということを知りました。大事なのは、不満の中身をきちんと分析すること。夫に伝えるためには、それを言語化しなければいけません。言葉にすることは、自分と向き合う作業にもなります。「不満」の中には、進歩の種がぎっしり詰まっているようです。

3 夫に優しくなるために自分を整える

一番身近にいる人を幸せにできなければ、誰も幸せになんてできない。そうやって、ひとまわり大きな目で夫婦関係を見つめてみると、冷静になることができそう。イライラせずに、今日に満足して小さなことに感謝する。そんな準備時間が次に夫に対する優しさを育んでくれる気がします。

自分にとっての「一番大事」が夫には「一番」とは限らないと知る

附柴彩子さん（石鹸専門店経営）

年齢・42歳／夫の年齢・46歳／結婚した年齢・25歳／子ども・1人（8歳女児）

附柴彩子（つけしば・あやこ）　1978年茨城県生まれ。北海道大学大学院理学研究科修了。自身の肌あれ経験をきっかけに、大学時代より石鹸作りを始める。製薬会社勤務を経て、2005年、地元北海道の天然素材を使ったオリジナル石鹸やスキンケアグッズなどを製造・販売する「サボン・デ・シエスタ」を立ち上げる。夫の裕之さんは同社代表。夫、女児1人（8歳）とともに暮らす。

自分を更新する妻に、夫はいつも置いてけぼり

私は自称「まねしんぼ」です。本を読んだり、誰かの話に心を揺さぶられると、すぐに「よ〜し、私も！」と真似をしたくなります。それは、筋トレだったり、冷えとりだったり、朝スムージーを飲むことだったり。やったことがないことを、暮らしの中でやってみる。それによって、自分がどう変わるかを観察することが面白い！　もちろんやってみて続けられないことも多々あります。それでも残った数少ないことが、「習慣」として暮らしに定着していきます。

そんな様子をうちの夫は「また始まった」と呆れ顔で眺めています。きっと彼にとってはいい迷惑。今まで朝ご飯を作ってくれていたのに、急に「今日からスムージーにします！」と宣言され、「もし食べたいならご自由にどうぞ」と放りっぱなしにされたり、いきなり靴下を4枚重ねばきし始めるから、洗濯係の彼が、毎日必ず8枚の靴下を干さなくてはいけなくなったり……。冷静に振り返ると、ああ申し訳ないなあ、よく付き合ってくれているなあと思います。我が家の場合、そうやって暮らしを変化させることが、私の「書く」

という仕事にもつながっているので、多目に見てもらえている気がします。でも……。一般家庭では、なかなかそこまで夫の理解を期待するのは難しいのかもしれません。

どうやら、女性の方が変化に強く、男性はなかなか自分を変えられないよう。私たち女性は、きっと脱皮が好きなのだろうなあと思います。新しいことを知り、暮らしに取り入れて、何かを発見し、自分をアップデートしていくことが楽しい！　側《はた》から見れば、ささいな習慣でも、それを1日の中に組み込むことは、生き方、暮らし方までを変えることにつながります。でも、多くの場合男性はそれについてくることができず、ずっと変わらない価値観のまんま。結局「所詮、言ったってわからない」と、妻は自分だけを更新し、夫は置き去りになり、どんどん心の差が開いていく……。そんな経験はないでしょうか？　逆にもしかしたら世の中の夫たちは、会社や仕事で「ビジネス」という世界の中、自分をアップデートしているのかもしれません。そしてそれを妻に語らないだけ……。

自分が拾った宝物を、自分のものだけにせず、夫婦で分かち合い、一緒に前進するにはどうしたらいいのだろう？　とずっと考えていました。

理想の夫婦の裏に潜むもの

附柴彩子さんは、北海道札幌市で、石鹸を販売する「サボン・デ・シエスタ」を夫婦で経営されています。以前北海道に取材に行った際、「せっかくだから！」と自腹で連泊したことがあります。少し前に東京で会ったばかりの札幌在住の知り合いに連絡し、町案内をお願いしました。そんな彼女が連れていってくれたのが、「サボン・デ・シエスタ」の直営店「シエスタラボ」です。店内を見渡すと、まるでお菓子屋さんのよう。あずき、やぎのミルク、白樺、ラベンダーなど、おいしそうな名前の石鹸がずらりと並んでいました。そこで彩子さんを紹介してもらったのでした。

どこかで誰かに出会うと、ピピピッと私の中の「好奇心」というアンテナが作動します。わあ、この人面白そう！　もっと話を聞いてみたい！　とどんどん前のめりになっていきます。彩子さんに対してもそうでした。でも、いつもと違ったのは、附柴さんご夫婦ふたりともに興味津々だったということ。

彩子さんは、私が知っている中でも、ピカイチで笑顔の素敵な人です。思ったことはどんどん吸収して、プラスのエネルギーに変えていく。ハスに構えたり、誰かのことを羨んだりというマイナスのフィルターは一切持ち合わせていない。そんなピュアさに私は大きく惹かれたのでした。

もともと肌が弱く、既存の洗顔石鹸では肌荒れを起こしてしまうことから、大学生の頃から自分のために石鹸を作り始めたそう。「植物オイルと水とアルカリを混ぜると石鹸ができあがります。それを知ったとき、わあ、ケーキ作りとおんなじだ！　って感動したんです。友人たちに配るととても評判がよくて」と晴れやかな笑顔で教えてくれました。

一方夫の裕之さんは、ビジネスセンスに長け、北海道大学大学院終了後すぐにベンチャー企業を立ち上げ起業した、という方。彩子さんが作った石鹸をきちんとビジネス化したのが裕之さんだった、というわけです。誰でも、家でも作ることができる石鹸を、どうやってビジネスにしたのだろう？　と、その秘密をぜひ教えてもらいたかった。そこで、後日拙著『キッチンで読むビジネスのはなし』（ＫＡＤＯＫＡＷＡ）で裕之さんにインタビューさせていただきました。

私にはおふたりが、「夫婦」以上の何かを交換しあっているように見えました。一緒に仕事をしながら、妻と夫という役割だけでなく、互いにどこかで得てきたものを相手にパスをし、自分ひとりでは気づかなかったことに気づき、気づかせる。互いが互いのメンター（人生の指導者）的役割までを果たしているように見えたのです。

ただ……。お付き合いが長くなるにつれ、ご夫婦の「現実」もちらりと見えてきます。イベントなどで出会ったとき、忙しく準備をするふたりのやりとりを小耳に挟むと……。「○○やっといて」(夫)「えっ、今？」(妻)「すぐやらなくちゃ間に合わないでしょう？」(夫)「でも、今こっちをやってるし……」(妻)。しかもこのやりとりを、スタッフみんなが見聞きしているわけです。常に一歩先のことを考えて走り続ける夫と、それをきちんと形にし「今やるべきこと」を考える彩子さん。きっとそれはどちらもが必要な「役割」なのだと思います。彩子さんは、本当のところ、夫のことをどう考えているんだろう？　彩子さんにとって「夫婦」ってなんなのだろう？　理想と現実の間にある本当の話を聞いてみたいと思ったのでした。

結婚で、親の価値観の外へ出る

彩子さんが裕之さんと出会ったのは大学生のとき。てっきり北海道出身かと思っていたら、彩子さんは茨城県出身、裕之さんは千葉県出身で、大学入学を機に北海道で暮らし始めたそうです。「彼は大学に再入学したので、4歳年上なんですが、同級生だったんですよね。教養の英会話の授業で初めて一緒になりました。彼はいつも教卓の真ん前に座って、しかも全身黒ずくめ。アルマーニのサングラスをかけて、『なに？　あの人？』っていうオーラを出しまくっていたんです」。

〝黒ずくめ〟だった裕之さんに彩子さんは興味津々で、クラスメイトの中でも真っ先に声をかけたのだと言います。「一見チャラい感じに見えるんだけれど、授業も真面目に受けているし、きっとちゃんとした人だと思ったんです。思い切って話しかけてみたら、『自分でバーを経営しているから、今度遊びに来ない？』って言われました。『え～？　バー？』と思わず聞き返しちゃいました（笑）。友達を誘って行ってみたら、学生で出資して作ったお店で、彼は金曜日担当でした。いろんな話をして、すごく楽しかったんです」。

つまり、最初に好きになったのは彩子さんの方。「自分の知らない世界を知っていて、自由を持っている人に見えたんです」。彩子さんはサラリーマン家庭で、厳しいご両親に育てられた優等生でした。そんな自分の真面目さから、なんとか脱出したいと考えていたそう。結婚は、親の価値観から一歩外へ出ることでもあります。私も両親が厳しくて、父に反発していたので、彩子さんの気持ちがよくわかります。私の場合、堅実な父と真逆な自分で小さな会社を営んでいる人と出会い「自分ですべてのリスクを背負って、好きなことを仕事にするってすごい！」と結婚したのでした。でも、結局はついていくことができず離婚。人は自分の中にないものを求めます。でも、実際に自分が育ってきた環境の中に「ない」ものを受け止め、咀嚼し、自分のものにするということは想像している以上に大変だということを身をもって知りました。彩子さんは、お父様と真逆な生き方を選んだ裕之さんとどう折り合いを見つけ、ふたりの人生を育ててきたのでしょう？

「正反対なようで、すごく似ているところもあったんです」と彩子さん。「私の同級生たちは、デートと言えば、ドライブで遊園地に行ったり、ショッピングに出かけたり。でも、彼は美術館に連れて行ってくれました。私もそっちの方が好きだったから、よかったなあと思って。でもね、一番似ていると思ったのは、なんでも『面白そう！』と好奇心全開でものごとを見る目。だから、一緒にいてすごく楽しかったですね」。

こうして交際を始めたふたり。その中で、彩子さんが今でも鮮明に覚えている、という裕之さんの言葉があります。「大学四年生の頃、研究者になろうとしていたけれど、それでいいのか？　と、これからの生き方に悩んでいたんです。そうしたら彼に『自分の殻を破れ！』と言われて。『大事に育てられてきた優等生だけど、その殻を破ってみたら、きっと違う世界があるよ』って。『できたらやってるよ！』って思いました（笑）。破れないから悩んでいるのにって。でも、そう言われて『ああ、私は殻の中で生きてきたんだ』と気づいたんです。『敷かれたレールからちょっと降りてみよう』って思いました」。

夫婦は見えない「ものさし」を持っている

小学生の頃から「誰かの役に立って笑顔が見たい」と思っていたそうです。薬の開発ができたら誰かの役に立つかもしれないと、大学も薬学部を目指していました。結局北海道

自分にとっての「一番大事」が夫には「一番」とは限らないと知る

大学では化学を専攻。ところが……。実験室にこもってただただひとりで作業をする日々に「何かが違う」と感じ始めました。ちょうどそんなときに裕之さんの言葉によって「降りる」ことを決意したというわけです。大学を休学して、「まったく違うことをしてみよう」とカフェでアルバイトを始めたと言いますから、その行動力に驚きます。

「今まで会ったことがないタイプの人たちと出会い、いろいろな生き方があるんだなと改めて実感しました。そして、私は人と関わりながら仕事がしたい、と思うようになったんです」。そんなプロセスを経て選んだのが「石鹸屋さんになる」という道でした。「石鹸って作って手渡したら、すぐに反応が返ってくるんですよね。研究は、人の手に渡るまですごくたくさんのステップがあって、私にとっては長すぎたのかもしれません。もっと人に近いところで仕事をしたいと思ったんです」。

ここで、「どうしたら石鹸屋さんになれるか」の段取りをきちんと分析し、計画したのが彩子さんのすごいところ。石鹸を販売するには、化粧品製造法などの許可を得ないといけないから、と大学院修了後はまず徳島の製薬会社に入社し、京都の営業所に配属され勤務しました。つまりしばらくは遠距離恋愛の日々を過ごしたということです。

北海道大学の大学院まで出れば、きっと一部上場の企業に就職できたはず。それなのに

「石鹸屋さんになる」と決意するのは、すごいことです。「敷かれたレールから降りてみたら？」と提案した裕之さんと、「石鹸屋さんの方が楽しそう」とワクワクしていた彩子さんは、同じ「ものさし」を持っていたのだなあと思いました。世の中の常識にとらわれることなく、自分の道を選びとる強さをもっている……。どんな夫婦でも、声にはしないけれど、見えない「ものさし」を持っているような気がします。いろいろ違うところはあるけれど、「ここだけ」は同じだからやっていける。そんな共通の価値観がきっとある……。

我が家の場合、それは「誰かのためには、財布の紐が緩い」ということかもしれません。手土産やプレゼントを選ぶとき、予算を決めていても「こっちの方がきっと喜ぶよね〜」と思うと、ついつい予算オーバーになる。つまりは、ふたりともまったく倹約家ではない、ということですが、ここで「いやいや、いくらよくても、予算以上は出せないよ」という夫でなくて、本当によかったなあといつも思います。たかがプレゼントですが、この選択が、夫婦で一緒に歩いていく上で土台となります。でも、実はこうした「暗黙の価値観」を、自分たちが持っていることさえ気づかない……。「もう、喧嘩ばかりして」「いつも意見が合わなくて」とがっかりしている夫婦でも、普段の行動をよく分析してみると、きっと同じ「目盛り」が見つかることと思います。

自分にとっての
「一番大事」が
夫には
「一番」とは
限らないと知る

専業主婦になる、という選択

会社を1年半で辞めて北海道に戻りめでたく結婚。ところが……。彩子さんが選んだのは、なんと専業主婦になるという道でした。「私の中にふたつの夢があったんです。ひとつは結婚して専業主婦になり、子供を産んでお母さんになるという夢。もうひとつが石鹸屋さんになって、社会の中で生きていくという夢。それでまずは専業主婦というものをやってみようと思ったんです。でも、最初の2か月で飽きちゃった！（笑）。朝起きて、お弁当を作って、掃除をして、お昼ぐらいにはやることがなくなります。やることがないと人って寝るんですよね（笑）。夫が帰ってくる前に慌てて起きて、夕飯の支度をしていたんですが、これでは人としてダメになるな、と思いました。もっと刺激がほしいなと思って、それを夫に伝えたら『ちょうど会社の経理がいないから、とりあえず手伝って』と言われたんです。それで、彼の会社で働きながら、同時に石鹸屋さんの準備を始めました」。

実は私も、大学を卒業して商社に勤めていた25歳ぐらいまで、ずっと専業主婦になるつもりでした。女性は知らず知らずのうちに母親をお手本にするものです。私の母は、短大を卒業して就職経験が一度もないまま父と結婚したという人です。社会には一度も出たことはないけれど、「私は家事のプロになる」と言って、1週間の掃除のスケジュールを立て、家族の食事を作り、私たちが子供の頃はお菓子を焼き、洋裁で服を作ってくれました。私は、「共働きだと、母のように丁寧に家のことはできない」と信じていたし、子育てをするなら、母が私に接してくれたように子供と向き合いたいと思っていました。

でも、母から与えられた理想像のほかに、少しずつ自分の中にもうひとりの私が育っていました。やりがいのある仕事をしてみたい。私にできることってなんだろう？　私は私にしか歩めない人生を模索し始めていました。そして、その答えとして選んだのが、親の反対を押し切って、今までの「辞書」にはない人と結婚し、それを機に新たな自分の人生の扉を開けるという方法だったのです。結局は失敗に終わったけれど、あの時、結婚によってまったく見えない道へ一歩を踏み出したことには後悔していないし、勇気を出してジャンプしたからこそ、今私はこの仕事をしているのだと思います。

どんな人も「専業主婦になっておうち時間を楽しむ」というモードと、「好きな仕事をして自分の力を試してみたい」というモードの両方を持ち合わせているんじゃなかろうか？　と思います。私は仕事が立て込んでくると、「あ〜、お日様の下、洗濯物を庭いっぱいに干したい〜!」と毎回思います。普段家にいる時間が短いからこそ、洗濯物の匂いや、パリッと乾いた手触りを味わいたくてたまらなくなる……。女性は結婚によってライフステージががらりと変わります。でも、仕事や暮らしのバランスの取り方は、結論を急がなくていいのだと思います。「結婚」によって変わる何かが、自分を再発見するチャンスになるはずですから。

出産を機に突然夫婦関係がうまくいかなくなった!

結婚後、裕之さんは就職した会社から出資してもらって独立していました。「安定感ゼロでしたね。うちの父は彼が上場企業に勤めていたから結婚することも安心してくれていたと思うのですが、あっという間に辞めちゃって」と彩子さんは当時を思い出して笑います。不安ではなかったのですか?　と聞いてみました。「結婚と同時に、お互いゼロからのスタートだったので、私たちはここからがんばっていくしかない、っていう感じでしたね。私は学生時代にアルバイトをしていたカフェの2階が空いたので、マスターにお願いして安く貸してもらって、そこで石鹸を作っていました。そこからいくつかのステップを踏んで、古いビルの1室をリノベーションし、店舗もオープンし、そちらは私ひとりで切り盛りしていました。そして石鹸を作る作業を、主人が立ち上げた会社の一事業部として、手がけてもらったんです。私が商品の企画を提案し、主人の会社で製造してもらって、それを自分のお店に仕入れる、というスタイルでした」。こうして、毎日深夜まで働く日々が始まりました。それでも「楽しくて、楽しくてたまりませんでした」と彩子さん。仕事をして夕飯は外で食べ、また会社に戻って仕事をしていたそう。「仕事が一番で、次に家のこと。あの頃は、ふたりとも優先順位が同じだったんですよね」。

そんなふたりが突然うまくいかなくなったのが、彩子さんが出産をしてからでした。仕事も子育ても楽しくて、幸せなはずだったのに……。唯一うまくいかなくなったのが夫婦関係でした。「初めて価値観がずれたんですよね。それまでは、仕事が一番、家庭が二番だった。彼自身はそれが変わらなかったんだけれど、私は家族が一番になっちゃった。家族がちゃんとあってこそ、仕事ができるという価値観にシフトしたんです」。

裕之さんは家事を手伝ってくれなかったのですか？　と聞いてみると、「いやいや、す

自分にとっての「一番大事」が夫には「一番」とは限らないと知る

ごくやってくれたんです」と彩子さん。「でも、私がここまでやってほしいというラインと、彼がやることはほんのちょっと差があって……。たとえば、お茶を飲んだあとは、キッチンの流しに運んではくれるんですよね。でも私は『そこまで持っていくなら、ちょっと洗っておいてほしい！』って思うんです（笑）。小さなことでも毎日のことなので、それがストレスになっていったのだと思います」。

そんな「ちょっとの差」を諦めなかったのが彩子さんらしさです。「最初は我慢していたんですが、これは言わないとダメだと思って。涙ながらに『本当に子育てと家事と仕事で大変だから、手伝ってください』って頼みました。でも、やってくれない（笑）。決して悪気があるわけでなく、優先順位の問題ですよね。彼はとにかく仕事が一番だから、家事に意識が向かないんです。だから、彼の中では『やっているつもり』なんですよ」。

そこで、作戦を立てました。「これは役割を決めるしかない、と思いました。夕ご飯の洗い物は彼の役目と決めたんです。なのに、私が子供と一緒に寝て、朝起きたらやっぱり洗い物が残っている……。それで、こっそり記録を取りました。やった日、やらなかった日をチェックして表を作りました。『僕はやってる』と言うけれど、これを見てくださいって数字を出したんです。『あ、ほんとだね〜』って言ってました（笑）」。

事実と感情を切り離す

こうした試行錯誤の結果、最終的に彩子さんが出した結論はというと……。「相手に期待するのをやめて、機械に頼ることにしました。食洗機を買うことにしたんです」。意外な結末に思わず「え〜？」と声が出ました。ここで彩子さんは、きちんと「自分の納得のさせ方」を構築していたのです。「前向きな諦めです。ほしいのは『家族みんながご機嫌で暮らせること』だと考えることにしたんです。その後も、掃除機がけを夫にお願いしてもやってくれなかったので、ルンバがやってきました。洗濯物を『干すだけでいいからやって』と言ってもいつまでも干されることはなかったので、乾燥機付きの洗濯機がやってきました。もちろん、その途中でイライラするんですよ。でも、どんなに私が怒っても相手は変わらない。無理なことを押し付けてもお互いつらくなるだけで、その時間がもったいないなと思ったんです。子供もすごくかわいいし、夫もいい人で大好きだったはずなのに、嫌いになりそうな自分がいやで。だったらやり方を変えてみようかなと思いました」。

夫婦がうまくいくためには、事実と感情を切り離すことが大切だなあと思います。男性

自分にとっての「一番大事」が夫には「一番」とは限らないと知る

は概ね理論的で、事実を指摘します。でも、女性はそれを感情で受け取ってしまう……。私も夫と付き合い始めたばかりの頃、ものすごくよく喧嘩をしました。原因は、今から考えれば私のプライドの高さだったなあと思います。私は大雑把人間で、夫は几帳面。私が掃除をした後を、もう一度彼が掃除する度に、ムキ～ッと怒っておりました。「だって、隅に埃がたまっているから」と彼。それを「事実」として受け止められたなら、「わあ、そうだったね。あなたが気づいてきれいにしてくれて助かるよ」と言えたのでしょうが、そんなことはとても無理！　私は自分自身の存在を否定されたかのように感じてしまい、「どうせ私は大雑把ですよ」と拗ねて、プリプリと怒っていたのでした。

50歳を過ぎて、今では喧嘩もめっきり減りました。それは、互いに無理なことを諦めたから。家のことは、気づいた方が勝手にやる、というルールです。私は料理が好きなので、日々のご飯作りはそれほど億劫になりません。庭掃除は夫の役目です。私は「蚊にさされやすいから」という理由で、草むしりも落ち葉拾いも一切やりません。以前は、相手が汗をかきながら庭仕事をしていると、なんだか悪いことをしているような気持ちになったのですが、今ではすっかりその状態に慣れ、私はクーラーのきいた室内で、平気な顔で原稿を書いています。「自分が『やってやったぞ』と主張したって、相手は喜ばない」「相手にやってもらうことを、いちいち『悪いな』と思わなくても大丈夫」。そんな事実と感情の塩梅を互いに体得したといったところでしょうか。夫婦の問題は、「正論」よりも、「現実」に寄り添った方がうまく解決できるのかもしれません。

「片付け」で夫婦関係を修復

夫婦の価値観に差が生まれたとき、彩子さんは「どうして私はこんなにイライラするんだろう？」と悩み続けたそうです。「なんとか、不機嫌な自分と折り合いがつけたくて、心理学の本を読んだりしながら、学ぶことを始めました。特にライフオーガナイザーの資格を取ったことが、わたしにとってすごく節目になりましたね」。

勉強を始めた直接のきっかけは、裕之さんの仕事部屋があまりにも乱雑で、片付けの勉強をしようと思ったから。「私は教えることは結構得意なので、まずは、自分が片付けを学んで、『わからない人はここがわからないんだな』というポイントを夫に教えようと思ったんです。それで気づいてもらって、自分でできるようになってもらったらいいなと思って。うちの夫はゴールが見えるとできる人だから」。

ライフオーガナイザーとは、片付けのプロのこと。でも実は整理収納よりも先に、思考の整理から始めることが大きな特徴です。「一田さん、一筆書きで星＝☆ってどうやって書きますか？」と突然彩子さんに聞かれて、え〜っと、とノートにペンを走らせました。「私は横から書き始めるんですけど、一田さんは下からなんですね。私ね、星＝☆ひとつとってもみんな書き方がまったく違う、と知ったときに衝撃を受けたんです。もうひとつ、『ボールペンに求めるいちばん大事な価値観はなんですか？』という問いがあります。デザイン、機能性、思い出など5つの項目から選ぶのですが、私は迷わず機能性でした。家に帰って夫に聞いてみたら、なんと『思い出』って答えたんです。もうびっくり！　彼はものが捨てられないタイプで、学生時代のノートなんかもすべてとってあるんですよね。長い間一緒にいるけれど、こんなに価値観が違うんだ、と初めて知りました。そりゃ、無理に歩み寄ろうとしても喧嘩になるよね、ってわかったんです。あなたはあなた、私は私。それぞれが日々の暮らしの中で大事にしていることを、認め合って生きていかなくちゃ仕方がない。子供が産まれてから、どうして前みたいに仲良くなれないんだろう？　と、7

年間ずっと悩んでいました。価値観のズレをどうしたら一緒にできるんだろう？　って。でも、それも私の押し付けだったんですよね。『私は子供を産んで価値観が変わりました。あなたも父親になったんだから、変わって当然でしょ』って思っちゃったんです。7年間ずっと悪いことしたなあって思いました」。

私はこの話を聞いたとき、なんだか感動してしまいました。初めての子育てや、家事と育児の両立でイライラしているお母さんは、私の周りにもたくさんいます。それを「どうしてだろう？」と理由を知って解決しようとしたのが、彩子さんでした。勉強し、真実を知り、「どうにもならない」と思っていた現実を一歩引いた目で分析する……。暮らしって、「学ぶ」ことで改善できるんだ。自分の心って、真実を知ることでコントロールできるんだ、とそのお手本を目の前で見せていただいたような気がします。

その後、裕之さんの仕事部屋はどうなったのですか？　と聞いてみると……。「夫には、ビジネスの話に転換した方がわかってもらいやすいな、と思って、ひとつの提案をしたんです。『整理収納のママ向けの教室はいっぱいあるけど、パパのためってないんだよ。でもパパにも絶対必要だと思うんだ。これは大きなビジネスチャンスじゃない？』って。案の定、すぐに『僕も資格取ってみようかな』と言い出しました。それで、『私の収納の先生を呼ぶから、まずは体験してみたら？』と誘導したんです」と笑う彩子さん。さっそく裕之さんは6時間かけて、コンサルを受け、部屋を片付けたのだとか。「私がいると口出しをしちゃうから、外に出ていました。一緒に家にいた娘にメールをして様子を聞いてみたら、『今、棚から全部ものを出してるよ』って写真を送ってくれました（笑）」。すべてを見直した結果、裕之さんは部屋を占領していたほとんどのものを手放す決心をしたそう。「今は、机も処分して、そこにレコードプレーヤーを置いてレコードを聴いています」。

妻だけが、夫の短所を長所に変えられる

彩子さんは、見事に夫を「変える」ことに成功したというわけです。ただし……。仕事が一番、暮らしが二番という裕之さんの優先順位は変わったわけではありません。つまり、ふたりの優先順位は違ったまんま。でも、「それはもうＯＫだとしたんです」と彩子さんはさっぱりとした顔で語ってくれました。「それぞれ価値観は違っても、大事なのはその

中で家族がどう過ごすかだなって思いました。毎年、年末に家族で子供が楽しみながら仕事体験できる、という『キッザニア』に行くんですが、夫はあまり興味がなくて、『お父さんをやらなくちゃ』と思ってついてくるんですよね。それで『本当に行きたい？　無理して行かないで、せっかくのお休みなんだから、自分のやりたいことを自由にやったらいいんじゃない？』と言いました。その結果『キッザニア』まで車で送ってもらって、夫は近所の温泉施設に行くことに。すごく楽しそうな彼を見て『ああ、私は今まで父親役を押し付けていたんだ』って感じました。そして、私も私で、彼みたいに自由になってもいいのかな、って思ったんです。家族ってこうあらねばという像に、自分が縛られてたなとやっとわかりました」。

今、ようやく目の前の霧が晴れ「私は夫のことが大好きで結婚したんだった、って思い出したんです」と彩子さん。そして、これから新しいステージに向かって夫婦関係を再構築する予定なのだとか。どうやって再構築するのですか？　と聞くと「優しくなろうかなと思って」と答えてくれました。

裕之さんのことを「ゼロから1を生み出す人なんです」と彩子さんは言います。どんどん新しいことを生み出す人だから、「生み出した後」は彩子さん任せ。それを「も〜、自

自分にとっての
「一番大事」が
夫には
「一番」とは
限らないと知る

分のことしか考えないんだから」と目くじら立てるのではなく、「生み出す才能ってすごい！」と拍手喝采する。それが、彩子さんが選んだ「優しさ」です。どんな人でも2面性を持っています。「長所」は裏から見れば「短所」になるし、「短所」の見方を変えれば「長所」になる……。他の大多数の人が「短所」と言っても、それこそが「あなたの魅力」なのだと言ってあげられるのが、一番近い場所にいる妻であり夫ができることなのかもしれません。もちろん、近いからこそ、ついムカつくこともあります。彩子さんはこう言います。「いい日があれば悪い日もあって、それでいいんだと思うようになりました。以前は100点じゃないと気が済まなかったけれど、90点の日もあれば20点の日もあっていいんだって」。普段は文句を言っていても、時間をかければきっと欠点を魅力にくるりとひっくり返すことができる……。そんな夫婦になれれば、相手だけでなく、自分をも輝かせることができるのだと信じてみたくなりました。

1 夫との「違い」の奥にある「実は同じこと」を見つけてみる

夫はホコリが気になるタイプで、私は湿気が気になって、多少ホコリがついていても風通しよくして、カラッと乾かしたい……。そんな違いはいつも平行線で喧嘩の種になります。でも、「家を居心地のいい場所にしたい」と思う根っこは同じ。カチンとくることがあったとしても「気になるところが違うから、家がきれいになるんだよね」と考えればいい。ふたりが持っている「ものさし」の共通点を見つけるのが大事なのかも。

2 相手に期待するのをやめて自分を助けてくれるものを探す

掃除ロボット、食洗機、乾燥機。附柴さんは自分を楽にする機械を投入していたけれど、そんなに大物でなくても、「自分の気持ちをちょっとあげてくれるもの」を手に入れて、自分を自分でご機嫌にしてあげるのもいいもの。

新しい木べらを手に入れて、張り切って炒め物に取りかかったり、ちょっといいキッチンクロスを奮発したり。新しい風が吹けば、「どうして手伝ってくれないの！」とイライラが少し減りそう。

3 夫の短所を「それこそがあなたの魅力」と考える

夫に対してムカついたとき、「短所は見方を変えれば長所になる」と言い聞かせれば、冷静になれそう。「いちいち細かいことに口うるさいな」と思ったら「心配してくれてるのよね」と変換する、といった具合。

さらに、他人にとってダメだと評価されるところも「そこが魅力」と言ってあげられるのは、私だけ、と知っておくこともとても大事だと思います。「頼りないな」は「優しさ」に。「わがまま」は「意志の強さ」に。表を裏にひっくり返せば、夫を輝かせる力になってくれそうです。

夫は夫の人生を
妻は妻の人生を
楽しめばいい。
できるのは、
互いの応援団に
なることだけ

鈴木尚子さん（ライフオーガナイザー）

年齢・47歳／夫の年齢・50歳／結婚した年齢・26歳／子ども・2人（17歳男児、13歳女児）

鈴木尚子（すずき・なおこ）　1974年神奈川県生まれ。アパレル系の企業に勤務したのち、専業主婦に。苦手な片付けを「1個の引き出し」で克服した経験をきっかけに、整理収納の道へ。現在は個人宅に向けた片付けやスタイリングのコンサルタントをはじめ、プロの育成にも力を注ぐ。雑誌などのメディア出演・著書多数。夫、女児（13歳）、男児（17歳）、義父とともに暮らす。

夫の人生のハンドルに、妻は手を出すことはできない

毎日バタバタと仕事をしていると、夫に「本当に仕事が好きだねぇ」と呆れられます。そして「人生の中で、仕事がいちばん大事なんだね」とチクリと嫌味を言われることも。夫は大の旅好きです。ちょっと時間ができると、地方の古い城巡りに出かけたり、大型バイクで走りに行ったり。寝る前にベッドの上で地図を広げてじっと見入っている姿を見て、「よく地図だけでそんなに楽しめるねぇ」と言いながら、私は横で小説を広げます。

もちろん私も、旅に出かけるのは大好きです。でも、それはあくまで仕事がひと段落したらの話。夫は「それじゃ、いつまでたっても行けないよ。先に旅の予定を決めちゃわないと」と言います。確かにその通り。最近では、私も少しずつスケジュール帳のひとマスを、旅行の予定でブロックすることを始めました。

人生の中で、何をいちばん大事にするのか。それは、たとえ夫婦であっても同じとは限りません。私は幸い、好きなこと＝「書く」が仕事になっているので、仕事とプライベートの境目が曖昧です。仕事で取材に出かけて人の話を聞けばワクワクするし、それを持ち

帰って自分で咀嚼し、「ああ、そうなのか」と発見しながら文章に綴るという作業は、苦しいけれどとても豊かなひとときです。逆に、休日に旅に出かけても、そこで見つけたことが仕事の種になることも。それが、夫にとっては鬱陶しいようで「また仕事？」と眉を潜められてしまいます。

彼にとって仕事はお金を稼ぐため。つまり、仕事で使った残り時間を、いかに楽しめるかが大事ということです。旅に出て、新しい土地を訪ね、その街並みや、雄大な自然を眺め、おいしいお酒を飲み、ときに地元の人と知り合い、歴史に触れ、命の洗濯をして帰ってくるのが楽しい……。

若い頃は、夫婦は同じ価値観を持っていないといけない、と考えていました。私はやりがいのある仕事を見つけたよ。だからあなたも、自分を輝かせるような仕事を見つけたら？夫に対して上から目線で、そう押し付けていた気がします。なのに、相手が動かないと「どうして？」とイライラし、「そもそも生き方が違うんじゃなかろうか？」と一緒に生きていくことが不安になってきました。仕事でキラキラ輝いている男性に出会うと「あのさ、こんな人に出会ってね……。だからあなたもそうやってみたら？」と提案したことも。でも、どんなに口を酸っぱくしてあれこれ言っても、何かが変わることはありませんでした。

夫は夫の人生を妻は妻の人生を楽しめばいい。できるのは、互いの応援団になることだけ

たとえ、夫婦であっても、相手の「生き方」を変えることはできない。そう理解できたのは50歳を過ぎてからでした。人はみんな自分の人生の舵は自分で握り、その舵はひとつの人生にひとつしかついていない。だから、妻が横から手を出すことはできない……。そんな当たり前のことがわかるまで、ずいぶん時間がかかってしまいました。

だったら、夫婦が夫婦でいる意味は、いったい何なのでしょう？　大事なことがそれぞれ違う……。それでも一緒に生きていくためには、互いにどう関わればいいのでしょうか？

私の人生がうまくいかないのは、全部人のせい

ライフオーガナイザーの鈴木尚子さんに初めて会ったのは、「暮らしのおへそ」別冊の「時間を、整える」というムックの取材でした。整理整頓のプロということで、さぞかしきっちりした几帳面な方なんだろう、と思いながらご自宅に伺い、話を聞き始めてびっくり！「私ね、片付けができるようになるまでは、汚部屋《おべや》に住んでいたんです。そして、私の人

生がうまくいかないのは、全部人のせい、って思っていたんですよ」。え〜っ？「あるとき、夫に家事の不満、育児の不満、環境の不満をぶちまけて、大喧嘩したんです」。なんと〜！ ずいぶんイメージと違う……。目の前にいらした鈴木さんは、とにかく自分に格好をつけない、愉快な方でした。時に「べらんめぇ」口調で夫や家族のことをこき下ろし、でもそのすぐ後に「どうしてそうなるか」を分析し、必ず解決策を導き出す。話を進めるうちに、どんどんその人柄に引き込まれ、「鈴木尚子」という人物について、もっともっと知りたくなっていきます。どんなときにも、人生に本音で向き合い、自分に嘘をつかない。だからこそ、今まで歩いてきた道まるごとが、どこかの誰かの役に立つ……。そんな鈴木さんの発信に片付け以上の生きる力を与えてもらえると、多くの人が共感するのだなあと納得したのでした。

アパレル会社勤務を経て、専業主婦に。出産後、どうにもうまくいかない子育てにイライラし、部屋はしっちゃかめっちゃか。そこから抜け出すために、引き出し1個を片付けたのが、今へつながる第一歩だったそうです。その後、ライフオーガナイズを学び、個人向けに片付けと、ファッションのスタイリングサービスを提供する「スマートストレージ」を立ち上げました。

夫は夫の人生を
妻は妻の人生を
楽しめばいい。
できるのは、
互いの応援団に
なることだけ

私は鈴木さんのブログの大ファンで、フェイスブックで更新のお知らせがあるたびに、ワクワクとページを開きます。今年3月、そのブログのタイトルを見て、えっ？　と目を疑いました。「宣告の日　生きてる限り全てネタ！　乳がんと私1」。以前の取材の際に、5年前に大腸癌を煩われたことは聞いていました。今回のブログには、昨年末に乳がんが発覚したこと。検査、宣告を経て、冷静に家族に伝え、きちんと仕事をこなす鈴木さんの姿が綴られていました。そして、その経験を「生きている限り全てネタ！」と笑い飛ばし、さらに「誰かの役に立つように」と、どう対処したかを綴られていたのです。実は私がこの「夫婦のはなし」のインタビューをさせていただきたい、とお願いしたのが2月16日でした。鈴木さんの手術は2月6日。つまり取材を快諾いただいたのは、術後まもない頃だったと知って、思わず涙がこぼれました。

それなのに……。取材依頼に対して、鈴木さんはこんな風にお返事をくださったのでした。「夫婦の話？　う〜ん、私に話せることがあるかな？　紆余曲折を経て、相手に期待を持ちつつ自分を変えてきました。でも今は、子供が成長したら、普通ではない夫婦のかたちがあるのかな？　と思っているんです」。

なんとなんと！「普通ではない夫婦のかたち」ってなんなのだろう？　お話を聞くの

が益々楽しみになって、インタビューの日を迎えたのでした。

私より
わがままな人がいた！

まずは、出会いについて聞いてみました。

「23歳頃に、仕事の関係で知り合いました。初めて会ったときから『私はこの人と結婚するな』って思ったんです。結婚願望はそんなになかったし、他に付き合っている人もいたんですが」と鈴木さん。すでに付き合っていた人と、何がどう違ったのでしょう？「夫と出会ったとき、今まで私の周りにいた人とは、まったく違ってすごく大人な感じに思えたんです。3歳年上でした。私ね、めちゃくちゃ直感タイプなんですよ（笑）」。

結婚してみてその直感は正しいと感じたのでしょうか？「う〜ん………。正しかったと思います。3年間付き合って、その間『これはちょっと……』と感じたことも多々あったんですが。とにかくちょっと変わった人なんです。デートをしていても、途中で機嫌が

夫は夫の人生を
妻は妻の人生を
楽しめばいい。
できるのは、
互いの応援団に
なることだけ

悪くなると、いつの間にか帰っちゃったりして。とにかく超マイペース。待ち合わせに2時間ぐらい来なかったり」。

え〜！　と思わずのけぞりました。私がブログの中で知っている鈴木さんは、自分をしっかり持っている方。失礼ながら2時間も相手を待つ人には見えません。「わがままだって思っていた自分よりわがままな人がいてびっくりしたんです（笑）。それまで私は『地球は自分のために回っている』って思っていたけれど、もしかしたら、地球はこの人のために回っているんじゃないか？　そう感じさせてくれた初めての人だったんですよね。私が強いタイプなので、それまで付き合ってきた人は、優しくて私に巻かれている人が多かったんです。でも、夫の場合は私のペースに一切乗ってこなかったので、そこがすごく面白かったんです。あれ？　どうして今突然機嫌悪くなったんだろう？　って知りたくなっちゃう」。

結婚するときに、自分と感性が似た人を選ぶケースもあれば、自分にはないものを求めて正反対の人を選ぶ場合もあります。私も最初の結婚では、「正反対」の人を選びました。だからこそよくわかるのですが、「似た人」を選んだ方が断然ラクです。「正反対の人」は、刺激はもらえるし、自分を変える起爆剤にはなるけれど、相手を理解するにも、自分にその刺激を取り入れるにも、体力、気力が必要になります。生涯の伴侶の選び方は、チャレンジャーの鈴木さんならではだったのだろうなあと思いました。

育った環境も、歩んできた道もまったく違う他人が夫婦になる。そこには必ず「科学反応」が起こります。この人と生きたらどうなるか？ その仮説をきちんと立てられたのが鈴木さんのすごいところ。相手の性格や生き方が、自分にどう作用するか。それを俯瞰して見ることはなかなか難しいことです。つい「優しくしてくれる」「引っ張っていってくれる」と、「与えてもらう」ことばかりに目がいきがち。でも、本当に大切なのは、「この人と暮らすことで、自分がどう変わるか」という視点なのかもしれません。

結婚は母親からの解放だった

「こいつ、面白い！」と感じる人は、付き合っている間はいいけれど、結婚して日常生活が始まると大変なことが多いもの。それでも結婚したのは「犬猫がやたら彼によっていく」

夫は夫の人生を
妻は妻の人生を
楽しめばいい。
できるのは、
互いの応援団に
なることだけ

からと「彼のご両親が素晴らしかったから」なのだとか。

実は鈴木さんは自身のお母様との関係で長年苦しい思いをしたそうです。「うちの母はものすごく厳しくて、いわゆる『教育ママ』でした。幼い頃から、母の『こうするべし』ということが、生きていく上での最優先で、常にそれに流されている自分がいたんです。ところが、義理の母は正反対で、3人の子供を育てただけあっておおらかで、ちょっとやそっとのことでびくともしない骨太の人。たとえば、誰かが遊びにくるとしたら、うちの母なら部屋も料理も完璧に整えてからなのに、義母は『え？　ここに人を呼んでいいの？』と思う状態でも『どうぞどうぞ』って、ざっくばらんに誰でも家にあげてしまうタイプ。こんな世界があるんだって、びっくりしたんです。私にも母にもない、飾らない感じにすごく惹かれて。結婚して、何が嬉しかったって、母から解放されて、新しい世界が始まった、と感じられたことですね」。

結婚という人生の一大イベントの前で、鈴木さんはとても冷静だったんだなあと感心してしまいました。普通なら、初めての結婚は、ワクワクと浮かれたまま、わけのわからないまま進んでしまいがち。夫となる人のことしか見えないことも多いのに、ちゃんとそのご両親の人柄まで観察し分析していたなんて！

こうして26歳で結婚。わがまま三昧だった夫との新婚生活が始まりました。「変人だから（笑）、突然不機嫌になったりはしょっちゅうで、うちの両親からも『なんだあの人？』って言われていました。普通は義理の両親に対して一応気を使うじゃないですか？　うちはその逆で、両親が夫に対して気を遣っていましたね。母は『どうして私たちが、ご機嫌伺わなくちゃならないのかしら⁉』って怒っていましたから」と笑います。

そして、新居には休みになると友人たちがたくさんやってきました。「彼はわがままだけど、人との関係はとても大切にするんです。だから、いつも誰かしらが家にいて、泊まったり、一緒にご飯を食べたり。彼は自宅をそんなふうにみんなが気軽に集まれる場にしたかったみたい。そこは私も共感できたので、新婚だけど毎週末、他人が家にいる生活でした。みんなのためにご飯を作ったりすることは、全然苦じゃなかったんです」。

一方で結婚後もアパレル業界で、デザイン、企画、人材育成までを任されて、バリバリと働き続けました。ところが……。29歳で出産すると事態は一変します。「母が『子供は絶対3歳までは自分の手で育てるべし』という考えの持ち主でしたし、夫も私が無理をして働くことには否定的でした。さらに当時住んでいた鎌倉近くは保育園が全然なくて。結局在宅で少し仕事は続けましたが、ほぼ専業主婦の状態に。いい母、いい妻を目指したん

夫は夫の人生を妻は妻の人生を楽しめばいい。できるのは、互いの応援団になることだけ

ですが、これがまったく思うようになりませんでした」。

うまくいかないのは「女とは、男とは？」の定義が違うから

こうして、鈴木さんにとっての暗黒の時代が始まります。「長男が、すごく手がかかる子だったんです。電車に乗れば大声を出し、じっとしていないといけないときに走り回る。どこへ行っても肩身が狭く、私は謝ってばかり。今では、それが彼の特性だとわかりますが、そのときは、なぜこうなの？　私の育て方が悪いの？　と泣きたくなりました」。

さらに、ちょうどその頃夫が転職。「会社の事情だったので、本人は納得がいかなかったようで、家に帰ってきても機嫌の悪さは半端ではなかったですね。経済的にもこのままだとどうなるか不安でした。毎日喧嘩が絶えなくて、衝突しかなくて……。子供とふたりっきりで家にいることにもう限界で、家の中は常にとっ散らかっていました（笑）」。

でも、結婚する際に「子供が20歳になるまでは、何があっても絶対に別れない」と決めて

いたというから驚きです。「お互いに個性が強いから、いろいろ問題が起こるだろうとは予測していました。でも、子供には罪がないことだから、もし子供を作るならば、その責任はお互い持たないといけないねって話していたんです。変わった夫婦ですよね～」。

夫も妻も個性が強くて、とことんわがままなのに、子供に対する愛情は強い。それこそが、夫婦の絆だったよう。「結婚する理由のひとつにあった、『犬猫に愛される』というのは、『子供を大事にする』ということでもありました。この人と結婚するというより、『自分の産んだ子供のお父さんになるなら、この人はいいだろう』と思ったんです」。

結婚して喧嘩が絶えなかったのは、「価値観を押しつけあったから」と鈴木さんは分析します。「夫は『女は家にいて、三歩下がって三つ指ついて』ぐらいの人でした。義理の母がそういう人でしたから。でも、私はこういう人じゃないですか？（笑）『そんなこと私に求めても無理よ』っていう感じでした。そして、私は私で、『男は文句言わずにしっかり働いて、お金を持ってくる人』っていうイメージがあったのに、夫は結婚してすぐに仕事が思い通りにいかなくて、ずっとゴニョゴニョ文句言ってるし。『もう、しっかりしろ～』って思っていました（笑）。お互いが『女とは』『男とは』という自分の理想にハマっていないことが、喧嘩の原因だったと思います」。

夫は夫の人生を
妻は妻の人生を
楽しめばいい。
できるのは、
互いの応援団に
なることだけ

もしかしたら、「夫婦になる」ということは、「男とは何か」「女とは何か」を、世の中の定義ではなく、自分自身のために定義し直すことなのかもしれません。

不機嫌を続けているのは「この私」だった！

毎日不機嫌で、夫と喧嘩をして、子育てもままならない。そんなつらい日々から、どうしたら抜け出せるのだろう？ そう考えていた鈴木さんを救ったものが「片付け」でした。

「辛いから聞いてほしいのに、彼もいっぱいいっぱいだったから余裕がなくて。私も自分で何かを変えなくてはと思っていたけれど、何をしたらいいかわからない。だから顔を合わせると喧嘩しかしていなかった気がします。『私は機嫌が悪いの！』ということを毎日全身で表現していました。ドアをバンと閉めたり、ご飯をドンッて置いたり(笑)。ある朝、前の晩にいつものように派手に喧嘩をして、どんよりしたまま朝ご飯を食べている夫の姿を見て、『私はいつまでこの不機嫌を続けていかなければいけないんだろう』って思ったんです。そのとき、あれ？『いつまで続ける』っていう主語は『私』だよな、って気づいちゃった。つまり『続けている』のは自分なんじゃないか？　って。えっ？　私が続けているの？　じゃあ、私が不機嫌を続けないって決めたらどうなるんだろう？　って。そこで思考の切り替えのスイッチが入ったんです。それが、私の人生が変わる瞬間でした」。

そして、「不機嫌を続けないためには、何をしたらいいんだろう」と考えたという鈴木さん。「まずは何か行動を変えないとダメだ、と思って、とりあえずものを突っ込んだままで開かなくなっていた引き出しを片付けてみようと思ったんです。今思えば、そこに入っていたものを形よく並べ直しただけだったので、片付けや整理には程遠いものだったんですが、すごく気持ちがすっきりしたんですよね。ずっと家事も育児も終わりがないって感じていて、仕事をしていた頃のような達成感が何もなかったんですが、引き出し1個を片付けたら、確実に何かが『終わった』みたいな達成感があったんです。そこから、6年間かけて家の中を片付けていきました」。

人は、本当に行き詰まったとき、引き出し1個の中に、未来への扉を見つけられるものなんだ！　と私はこのエピソードを聞いて大層感心したのでした。どこかに出かけなくても、何かを習わなくても、何かを生み出さなくても、身近にあった引き出しを片付けるだ

夫は夫の人生を
妻は妻の人生を
楽しめばいい。
できるのは、
互いの応援団に
なることだけ

けでいい。そこには、「手を動かせば、必ずきれいになる」という「結果」がありました。鈴木さんがほしかったのは、自分が動けば結果が手に入る、という実感。つまり、結果を生み出すのは自分自身という自覚だったよう。

ここで鈴木さんが選んだのが「相手を変える」ことではなく「自分を変える」ということです。よくよく考えてみれば、「相手を変える」ことは、とことん「不確定」です。何を言えば変わるのかわからないし、そもそも相手に「自分を変えよう」という意思がなければ変わらない。なのに、なぜ変えたくなるのか……。それは、そこに自分がほしいものがあるかもしれないと思うから。優しい言葉がほしい、手伝ってほしい、わかってほしい。でも、それって本当に「ほしい」と思っているのかな？　と疑ってみたくなりました。

自分の望みを自分できちんと把握する、というのは簡単なようで実は難しいことだなあと思います。私はずっと、夫にはバリバリと仕事をしてほしい、私を引っぱっていってほしい、と思っていました。でも……。実際には、私はライターとして、仕事を獲得していくことが楽しくて、仕事の中で新しいことを知り、学び、自分を変えていくことが面白くてたまりませんでした。もし、夫が仕事第一で、私にそのサポートをしてほしいと望んだとしても、「ノー」と言っただろうと思います。私は「できる男」を支える「妻」になりたいのではなく、自分が「できる女」になりたかっただけ。だったら、私は夫に何をしてほしかったのでしょう？　うちの夫は、私が忙しくてご飯が作れなくても決して怒ったりはしません。あちこち出張に出て家を空けても文句ひとつ言いません。それどころか「よく頑張るの～」と激励してくれるし、「大変じゃの～」と同情してもくれます。最近、それって、私にとっての理想の夫ではなかろうか？　と思うようになりました。すると、自然に夫に感謝できるように。夫に何を望むか？　それは、自分が自分の生き方に何を望むのか？　と考えることでもあるのだと知りました。

心が整わないと片付けはうまくいかない

それにしても、6年間も飽きずに諦めずに、家の中を片付け続けたという粘り強さには驚くばかり。しかも、片付けている最中は、相変わらず夫との喧嘩は絶えず、お母様からは家事についてダメ出しを受け、息子さんは言うことを聞かず……。そこで、鈴木さんは、

夫は夫の人生を妻は妻の人生を楽しめばいい。できるのは、互いの応援団になることだけ

手を動かしながらも、片付けの一歩奥にある「心の片付け」に取り掛かったのだとか。「実際に部屋は片付いているのに、心はザワザワしたままだったんです。自分の心が整わないと、片付けってうまくいかないんだなって思いました。空間と心ってリンクしているんですよね。私の心の中や考え方が変わらないと、いくら片付けてもすぐリバウンドするんです。ひとつずつ、これは大事なのかな？　とものと向き合うことで、自分と向き合っていきました。そうやって、6年間かけて、すこしずつ自分が大事にしたいものが見えてきたかな」。

たかがものですが、家の中にあるものは、すべて自分自身を写す鏡だなあと思うことがあります。私は若い頃「洋服を買うより器を買う」という日々を過ごしました。作家さんの個展があるたびに器を買い、食器棚の中はたちまちいっぱいに。当時は「有名な作家さんの器を持っている私」でいたかったのだと思います。でも、歳を経てやっと「自分の作るおかずに似合う器でいい」と思えるようになった。そうすると、食器棚の中の器は半分の量になりました。今はクローゼットの服を減らすことにチャレンジ中です。自分に何が似合うかがわかっていないと、服を減らすことはできません。今はそれを勉強中。つまり、私自身がどうあるか、が家の中のものの量や姿に投影されるということです。鈴木さんが

6年間でコツコツと手掛けたことは、ものの整理整頓であったと同時に、「それを選ぶ私」を見つめることであったのだなあと思いました。

そんな片付けの最中に、鈴木家では、新居を立てることになりました。そして引っ越した頃には、部屋はすっかりきれいに片付いたそう。そこで、鈴木さんはおそるおそる新居に友達を招きます。「当時、私は子供を外に出すことが恥ずかしかったんです。よその家に遊びに行っても、すぐにおもちゃをガッシャ～ンとひっくり返すし。でも、自宅だと誰にも迷惑をかけないじゃないですか？　部屋が片付いたことで、ママ友たちに来てもらえるようになって、閉ざされていた友達関係が少しずつ開かれていきました。そうしたら、みんなに『どうしてこんなに片付いているの？』って言われるようになったんです。『私も最初は全然片付けられなかったんだよ』って言ったら、『じゃあ、うちも片付けてほしい』って言われて……。『でも、あなたの家ってきれいだったじゃん』っていうと、『それは、人が来る前に、ちらかっていたものを紙袋に突っ込んで押入れに隠しているからだよ』って！　驚きましたね～。そんなことをやってたんだ！　片付けられないのは私だけじゃなかったんだ！って」。

この頃から友人たちにすすめられてブログで自分のことを赤裸々に語り始めました。

夫は夫の人生を
妻は妻の人生を
楽しめばいい。
できるのは、
互いの応援団に
なることだけ

「『今こんなにきれいに暮らしているけれど、実は汚部屋出身です』って書きました（笑）。当時そんなに正直に自分を出して書いている人っていなかったんです。私が一番伝えたかったのは、子供がいちばんかわいい時期、不機嫌に片付けばっかりして終わっちゃったということ。本当だったらすごくかわいいはずだった子供のことを『どうしてこんな子なんだろう？』と思いながら育ててしまったこと。それは、すごくもったいないことだから、私と同じようなことはしてほしくない。そんな思いでした」。

するとブログのランキングはぐんぐんと上昇。そして「整理収納アドバイザー」の資格を取得し、その報告をしたとたん、「うちに片付けにきてください！」という依頼が殺到しました。「そんな様子を見た義母が『あなたは外に出た方がいい』って言ってくれたんです。『あなたは、外に出て誰かの役に立てる力を持っているから』って。夫までが『働いてみればいいいんじゃない？』って言い出して……。『やっぱり家の中に収まっている人じゃないと思う』と言い出した。やっと気づいたの？　と思いましたね（笑）」。

こうして、新生・鈴木尚子が誕生したというわけです。私が驚くのは、鈴木さんはどこかに片付けを習いに行ったわけでも、誰かに心のあり方を教えてもらったのでもなく、このプロセスすべてをご自身の葛藤と試行錯誤と分析と整理の中で構築されていったという点です。その経験すべてが、今の「スマートストレージ」での仕事に生かされています。子育てや片付けに悩むすべての女性が、自分を取り戻し、生き生きと生きるお手伝いをするために、神様があのつらい時期を鈴木さんの人生の中にプログラミングしたのではないか？　とさえ思えてきます。

「やってもらう」ために、自分を潔く明け渡す

片付けを手がけるようになって、今まで感覚人間だったのに、どんどん論理的になっていったそうです。「仕事の上で伝える言葉を考えていくうちに、自分では、コミュニケーション力があると思っていたのに、そうではなかったんだ、とわかってきました。その辺りから夫とちゃんと話ができるようになってきた気がします。『こういう状況だから、こうなっちゃったんだよね』と、そこにある根拠や理由をきちんと伝えるようになりました。あとは提案が上手になりましたね。今までだったら『絶対にこうするべきだよ』という感

夫は夫の人生を妻は妻の人生を楽しめばいい。できるのは、互いの応援団になることだけ

じで話していたのに、『ねえ、こういう風にしてみたらどうかな?』という『提案』という新しい形が、私の中に入ってきたんです。提案だから、相手が飲むかどうかはわからない。相手が採用するかどうかは別として、『私としてはこういうやり方もあるかと思うよ』と提案する方法にしたら、ヒットの確率があがった気がするんです」。

つまり、最終決定権を相手に委ねた方が、望みがかなう確率があがるということ。それは、相手に「気分よく手伝ってもらう」ということなのかもしれません。「妻に言われたからやる」のと「自分で決めたからやる」のでは、夫にとっての「気分」は違うはず。他人だと、相手の気持ちを慮《おもんぱか》ることができるのに、夫婦間になるとたんに「気持ちよく」という視点が抜け落ちてしまうのだと我が身を反省しました。

「いつも夫に『君はタイミングが悪い』と言われていました。会社から帰ってきたばかりで、疲れてお腹もすいているのに、『あのさあ、今日さあ』と始まるのは論外だって。私は、自分の感情を自分のタイミングでぶつけていたので、その結果、せっかく作った料理を夫は一口も食べないでブスッと部屋に引きこもったりする。『なんて機嫌の悪い男なんだ!』ってそのときは思っていたけれど、それは私のタイミングが悪かったんだな、ということがだんだんわかってきました。それから、提案の仕方、タイミングを考えてものを言うようになりました」と鈴木さん。

そして、夫は少しずつ家事を分担して引き受けてくれるようになったのだといいます。「最初にやってくれたのは、洗濯物をたたむことだったんですが、『なんじゃこれ？』っていうたたみかたでした。でも、それを指摘すればやってくれなくなる、と思って陰でたたみ直したりして……。そのうち『干し方が悪いからたたみづらい』って言い出したので、『このやろ〜！』と思いながらも、『私、確かに上手じゃなかったかも。よかったら、干すところからやってくれると、めっちゃ嬉しいんだけどな〜』って言いました。そうしたらやってくれるようになったんです。干しているのを見て『わ〜、きれいに干すね〜。あなたのやり方やっぱりすごいわ』って褒めまくりました」と笑います。

私は、夫に限らず誰かにものを頼むことがとても苦手です。仕事仲間にも「これお願い」ということがなかなかできない……。すぐに「こんなこと、頼んだら悪いし」「自分で頑張ればできるんだから」と思ってしまう。その結果、すべてを抱え込んで疲れ切り、自分を消耗してしまいます。どうして頼むことが苦手なのか、と考えてみました。それはきっと無意識に人より優位に立とうとするから。「これお願い」と託すことは「私にはできないから」「あなたの方が適役だから」と、自分を明け渡すことです。つまり人より一段下

夫は夫の人生を
妻は妻の人生を
楽しめばいい。
できるのは、
互いの応援団に
なることだけ

に「下がって」お願いしなくてはならない。妙にプライドが高い私は、それができないのだなあと思いました。よくよく考えれば、そんなプライドなんて何の意味ももたないのに。夫に対しても同じです。「本当に優しい人なら、頼まなくても察してやってほしい」とどこかで思っていた……。それも、自分が優位に立つ望み方だったなあと今ならわかります。誰かに何かを頼むときには、ちっぽけな自分のこだわりを手放すことが必要。夫に上手にものを頼める鈴木さんは、潔く自分を明け渡すことができる人なのだと思いました。

「相手」と「過去」は変えられない

実はその頃、鈴木さんは、独学で心理学を学び始めていました。そこで出会った言葉は「相手と過去は変えられない」というもの。「変えられるのは『自分』と『今』だけだということなんです。ライフオーガナイザー2級の講座に出たときに、『あなたはどういう暮らしがしたいんですか?』と聞かれてとまどいました。当時、私は家族とどう過ごしたいなんて考えもせず、ただ部屋がきれいになっていればいい、と思っていたんです。そして、『どうしてやってくれないの？』と家族に片付けを押し付けていた……。そうか、私が望んでいるのは、『家族で笑って気持ちよく過ごす』ことだった、とやっと気づきました。そのためには、怒ってばかりではなく、まずは私自身が家族の役に立たないと、と考えるようになったんです。すぐ近くにいる人を幸せにできなければ、他人を幸せにする仕事なんてできない。だから、まずは『自分』と『今』を変えてみようと思ったんです」。

そんな経験を重ねて「スマートストレージ」を立ち上げてからは、大忙しの日々。その中で鈴木さんは、仕事へかける熱量と同じ熱量を家庭にも向けてきました。夫、子供ふたりが、きちんと家のことができるよう、手をかけ時間をかけ、システムを構築。それは、たとえば家中のものをどこに何があるか、家族全員がわかるように収納することだったり、子供たちは小さな頃から、自分の持ち物はすべて自室で管理することだったり。料理をするのは鈴木さんでも、配膳はセルフサービスで。週末は夫に作ってもらったり、家族みんなで作りながら食べたり。

年末の大掃除も、やることをすべて書き出して家族に集合をかけ、担当者別にマーカーで色分けし、いっせいに取り掛かるのだとか。こうしてコツコツと、家族みんなに家事を

夫は夫の人生を
妻は妻の人生を
楽しめばいい。
できるのは、
互いの応援団に
なることだけ

請け負う「当事者感覚」を育てていったそう。「子供たちに、気持ち的に負担をかけてまで仕事をするというのは性に合わないので、ママがいなくてもいつもの味が家にあるとか、そういうことでケアできる部分があるんじゃないかと思ったんです。子供と夫に「ママがいないからできない」という気持ちを持たせたまま、外に出るといろいろな負担が生じるので、夫でも子供たちでも『できる』『わかる』ということを大事に家の中を作ってきました。だから、今はもう、みんながご飯が作れるし、どこに何があるかわかっています。そういうところはすごく意識して整えてきましたね」。

働くお母さんの中には、自分が仕事を頑張れば頑張るほど、家のことができなくなって後ろめたさを感じる人がいます。でも、「家にいない」ことが悪いことじゃない……。鈴木さんは、ご自身の働き方、家仕事の回し方を公開することで、今までの「当たり前」をひっくり返してくれました。私たちはつい本当の目的の、ひとつ手前にあるものを目指して頑張ってしまうのかもしれません。本当の目的は「ママが作る」「ママがやってあげる」ことではなく、家族が「おいしいね」とご飯を食べることであり、子供が忘れ物なく学校へ出かけることのはず。なのに、多くの人が一歩手前の「ママがやる」を目的に定めてしまう……。事実と、自分の気持ちをきちんと切り分けて考えることの大切さを教えられた気がしました。

「自分をわかってもらいたい」と思うことをやめる

仕事が順調で、どんどん忙しくなっても夫はそのことに対して文句は言わなかったのでしょうか？　「それは一度もないですね。あんなに『家にいろ！』って言っていた人なのに……。それはきっと夫の中で何かが変わったから。これから生きていく中で、『自分ひとりが家庭の経済を背負っていかなくちゃいけない、という状況はもう古い』と思ったらしいです。女性も自立して稼ぎを持った方が、お互いがラクだし、何かあったときにも助け合えますからね。そこは、夫に時代の流れに乗る柔軟性があったと思うし、働いている私が楽しそう、というのもあったかと思います」。

ただし、お互いにどれくらい稼いでいるかはまったく知らないのだとか。夫婦の関係も以前と比べずいぶん変化したそうです。「いまだに価値観が合わないところはすごくたく

夫は夫の人生を
妻は妻の人生を
楽しめばいい。
できるのは、
互いの応援団に
なることだけ

さんあるけれど、子供を育てるパートナーとしてはお互いにとてもいい関係だなと思います。だからまずは約束の子供が20歳になるまでは、パートナーとして頑張ろうかなと思います」と鈴木さん。

それ以降はどうなるかわからないということ？　と聞いてみました。

「わからないんですけど……。でも今回乳がんになって、『迷惑かけてごめんね』と言ったら、夫が『家族なんだから『ごめんなさい』なんていらない』って言ったんです。その言葉を聞いて、先のことはわからないし、世の中に絶対ということはないけれど、もし夫が困っていたら必ず助けるし、病気になったら介護するし、全力でサポートするだろうな、と思いました。夫婦で一緒の価値観にならなくちゃいけないとか、同じ方向を向いて同じ思いを持って歩いていくのが望ましい、って思っていたけれど、それは不可能だなということがわかったんですよね。いい意味で、相手に期待しないんです。自分をわかってもらいたい、と思うこともやめました。『私はこうなんだ』と思っても、感じ方は人それぞれ。相手に完全に理解してもらおう、相手を完全に理解しよう、と思うことをやめたかな」。

それでも、人は誰かに自分のことをわかってほしいと思ってしまうもの。

「夫じゃなくていいんです。仕事仲間でも、お客様でも、友達でも。私を理解してくれる人はいっぱいいる。ひとりに『全部わかってほしい』と望むから無理になる。今は、いろんな人に理解されてひとりの鈴木尚子になっている、って感じです」。

なるほど〜！　と膝を打ちました。確かに、自分で自分のことを理解することさえ難しいのに、夫という他人に対し「すべてをわかって」ということ自体に無理があるのかもしれません。仕事で得た発見は仕事仲間と、子育ての悩みはママ友と。そうやって自分を分解し、わかってくれる人を多数持つ……。理解者の数が増えれば、「この人にわかってもらえなくても、あの人ならわかってくれる」と希望を持つことができそうです。

「わかりあう」ことより「応援しあう」関係に

「私は5年前に大腸癌になって、そこからすごく変わりました。自分の強みも弱みも受け入れたことで、相手の強みと弱みが理解できるようになったと思います。私は夫には強くあってほしかったんです。男って強いものと思っていたから。でも、そもそも『強さって

夫は夫の人生を
妻は妻の人生を
楽しめばいい。
できるのは、
互いの応援団に
なることだけ

なに？』という定義は人それぞれなんだ、と気づきました。今、男として、というより人間として相手に願うのは、『自分の人生を楽しんでほしい』ということ。私がこの仕事を始めて一番大事にしていたことが、自分がどんなに忙しくても、相手が飲みに行ったり、キャンプや釣りに行ったりするのを絶対に邪魔しない、ということでした。私の出張や会食が増えても文句を言われたくない、っていうこともあって、彼のお楽しみも全力で応援してきたんです。夫は、子育ての中で私が得意じゃない分野、虫を採ったり、キャンプで川に飛び込んだり……が本当に得意。遊びの天才なんですよ。そういうところはすごいなあと思います。つまり、夫の価値観は『仕事は生きるために必要なこと。だから、楽しむために俺は仕事をする！』ってこと。そこが私とは真逆なんですよね。最初、私はそれが気に入らなかったんだと思います。男の人には仕事を頑張ってほしかった……。なのに最初から『人生は、自分が楽しいと思えることをやれてなんぼ！　仕事だけの人生なんて魅力なし。山のようなお金より、山で遊ぶことを選ぶ』って言うんですから。でも、ひとつの家庭にふたつの価値観があるって、もしかして素晴らしいことなんじゃないか、と思えるようになったんです。そして夫婦って、お互いの応援団じゃなきゃいけないって思うんですよね。男とか女とか、愛するとか愛されるというのは、最初のうちだけ（笑）。長い年月を一緒に歩んでいくなら、お互いが楽しくなるように応援し合えばいいんだなって」。

　私と隣の人は違っていい。そうやって多様性を受け入れたとき、人間の幅はぐんと広がります。でも、その違いを認めるには、きちんと自分が自分の足で立っていなければいけません。私は優等生体質で怖がりなので、誰かに「それは違う」と言われることが本当に苦手でした。違うのは、仕事のやり方や考え方や、好みのはずなのに、自分が丸ごと否定されたような気がして、必要以上に傷つき、落ち込んで……。でも、冷静に考えれば、私とあなたの意見が違うだけ。それは、自分が思いもつかなかった視点に新たに気づくチャンスでもあるわけです。つまり「違い」＝悪では決してないということ。このことを理解するまで、ずいぶん時間がかかってしまいました。

　でも……。夫婦関係となると、せっかく理解したこの多様性についての真実が、また揺らいでしまいます。人生を共にするからこそ、同じ価値観でありたい……とつい思ってしまいます。でも、よく思い返してみれば、映画の好みも違うし、ちょうどいい冷房の温度も違うし、仕事に対する考え方も違う。違うことのなんて多いこと！　それを「悲しむべきこと」として捉えずに、「2本のアンテナがあって、キャッチできる情報が2倍になっていいじゃない！」と捉えるのが鈴木さんの考え方でした。私はこの鈴木さんが教えてく

夫は夫の人生を
妻は妻の人生を
楽しめばいい。
できるのは、
互いの応援団に
なることだけ

れた「応援する」という新しい夫婦のあり方に、すっかりときめいてしまいました。

応援する、ということは走る人と、声援を送る人が分かれることです。トラックの中にいる人と父兄席にいる人、といった具合に立つ場所が違うということ。一緒に走らなくてもいい。一緒の場所にいなくていい。でも、精一杯頑張る姿を違う場所から見ているし、「頑張れ〜」と旗を振る。そんな関係は一見ドライのようですが、ひとまわり大きな視点で相手を見守るという、より大きな愛情のようにも思えます。もしかしたら、「違う」のに「応援」できるのは、夫婦だからこそ、家族だからこそなのかも。これから、夫と意見が食い違っても、自分のことをわかってもらえないと落ち込むことがあっても、「互いに人生の応援者」というおまじないの言葉を知っていれば、一歩引いた冷静な目を持つことができる気がします。

1 相手を変えることより、自分が変えられることを探してみる

「どうして、そんな言い方をするの?」と夫の言い方にカチンとくる根底には「もっと優しくしてほしい」という願いが潜んでいます。だったら、「私は、優しくされなくても大丈夫な強さを持とう!」と割り切ってしまえば意外にラクなのかも。相手に期待せず、自分ができることは自分でやる。そうやって、家庭内自立を目指してみると、今までとは違った種類の夫の本当の優しさを少し感じられるようになるから不思議です。

2 夫に全部をわかってほしいと望まない

仕事人としての私、妻としての私、母としての私。自分を分解して、それぞれの「私」が付き合うグループを分けてみるのもなかなか有効な方法のよう。仕事のことならこの人。子育てについてならこの仲間。そうやって、いちばん話が通じる相手を選んで、悩みや思いを共有すれば、「痒いところに手が届く」反応をしてもらえそう。大事なのは、数少なくてもいいから、真剣に話し会える友人を大切に育てること。いろんな人と会って心を満たされれば、「どうしてわかってくれないの!」と夫に絶望しなくてすみます。

3 夫との価値観の違いをじっくり観察してみる

夫婦だからといって「何を大事に生きるか」がぴったり一致するわけではありません。さらに「大事なもの」は、時と共に変わってきたりもします。夫婦のいいところは、その互いの変化をずっと横で見て、感じていられること。無理やり「同じ価値観に」と望むよりも、それぞれが、何を経験し、何を考え、どう変わっていくのか、じっくり観察してみればいいだけなのかも。思考のプロセスを共有することで、互いにとって唯一の人になれる気がします。

大事なことは
語り合っても
解決しない。
必要なのは、
同じ空気を
吸うということ

山本祐布子さん（イラストレーター）

年齢・43歳／夫の年齢・48歳／結婚した年齢・33歳／子ども・2人（10歳女児、7歳女児）

山本祐布子(やまもと・ゆうこ) 1977年東京都生まれ。京都精華大学在学中よりイラストレーターとして活動。2015年、書店「ユトレヒト」オーナーであった夫・宏志さんの醸造家修業のため、家族と共にドイツへ移住。現在は、千葉県大多喜町の「mitosaya薬草園蒸留所」でボタニカルプロダクトの開発などに携わる。夫、2人の女児(10歳・7歳)とともに暮らす。

夫に頼りたい、というのは本心？

ずっと「スープの冷めない距離」に住んでいた私と夫が同居を始めたのが15年前。きっかけは、築50年という、今住んでいる平屋を見つけたことでした。でも、ちょっと家賃が高い……。だったら一緒に暮らそうか、ということになったのです。ずっと「古い平屋」に住みたかった私。でも、当時夫は「海辺のアーバンライフ」が理想で「窓から海が見える高層マンションに住みたい」と言っていました。それでも、私に合わせてこの家に住み、古い家ならではの作業一切を引き受けてくれています。隙間だらけの家のあちこちにパテを塗って冷気が入ることを防いだり、放っておけば雑草だらけになる庭の草むしりをしたり。「古い家が好き、というクセに、自分では手入れは全然しないんだから！　この家に住んでいられるのはオレのお陰だ」といつも言われています。

その後の暮らし方もまったくの私のペース。料理をしながら、「お皿持ってきて〜」と頼むと、最初の頃は、そのおかずがギリギリにのる器を食器棚から運んできました。「それじゃあ、小さいよ。おかずは余白を作って盛り付けた方がおいしそうに見えるんだから！」と私に何度もやりなおしを命じられた夫は、今では、キッチンに立つ私の手元にある鍋の中身をひょいと覗いて、ベストな大きさの器を持ってきてくれるようになりました。

でも、車を買い換えるとか、旅に出るとか、家の補修を業者に頼む……といった大きなことは夫主導。私は口出しせずにお任せするようにしています。夫婦には、ベストな「力関係」があるよなあと思います。引っ張っていく人とついていく人……。どちらもが「引っ張っていく人」だと衝突が起こり、うまくいきません。でも、自分がいったいどちら側の人間なのか、きちんと把握するのは意外に難しいなあと思うのです。私の周りでは、外から見れば、夫が引っ張っていっているようだけれど、内情はしっかり妻が引っ張っている、というケースが多いよう。

若い頃、ずっと男は引っ張っていく人、女はついていく人と思い込んでいました。結婚するなら、「引っ張っていってくれる、私より強い人がいい」と友達ともよく話をしていたものです。でも……。よく考えてみれば、引っ張られるには、自分を押さえ、引っ張っていく人に歩みを合わせなくてはいけません。私にはそんなことは無理、とわかったのは、一度目の結婚に失敗したあとのことでした。

大事なことは
語り合っても
解決しない。
必要なのは、
同じ空気を
吸うということ

ふたりの娘を抱えて、見知らぬ土地での新生活をスタート

イラストレーターとして活躍する山本祐布子さんと初めて会ったのは、「暮らしのおへそ」の取材でした。私は、植物や果物、そして暮らし周りの道具などを描いた祐布子さんの絵が大好きです。どこか日本画のようで、しんと静か。凛として強いんだけれど、優雅で柔らかい……。そんな祐布子さんの当時のおへそ＝習慣は「シフォンケーキを焼く」というものでした。しかも、八丁味噌とバニラ、中国茶とパイナップルというような、びっくりする組み合わせ。「生地に混ぜ込んで焼くと、どんな強い味もふんわり膨らんで、淡くなるんです」と教えてくれて、恐る恐る味見をさせていただいたケーキのおいしかったこと！　もともとの素材の味は「気配」のようにかすかに残っているだけでいい。何と何を組み合わせたら、どんな味が生まれるか……。その実験は、「見えているのに見えていないもの、聞こえているのに聞こえていないものをつかまえて描きたい」という祐布子さんの絵との向き合い方と同じなんだなあと感動したことを覚えています。そして、今の祐

布子さんの自然の恵みをお茶やジャムやシロップに変換する、という仕事は、あの実験と1本の線で繋がっているなあと思うのです。

その後「暮らしのおへそ」別冊の「おへその旅」という本では、「ブルートレインに乗って、洞爺湖にパンを買いに行く」という企画で、一緒に夜汽車に乗って旅に出たことも。結婚する、と聞いたのは、洞爺湖から帰ってすぐでした。お相手は、独自の視点で本をセレクトした、あの伝説の本屋「ユトレヒト」を営んでいた江口宏志さんと聞いてびっくり！

さらに月日は経ち、おふたりが千葉県へ移住し、ボタニカルブランデーを作るための蒸留所を始めるらしいと耳にしました。環境も仕事も変わり、さぞかしおへそ＝習慣も変わっているだろうと、再度「暮らしのおへそ」で取材をお願いしたのが3年前のことです。房総半島のほぼ中央に位置する千葉県夷隅郡大多喜町にある、閉園した薬草園を借り受け「ｍｉｔｏｓａｙａ薬草園蒸留所」をオープンさせた江口さんと祐布子さん。もともとあった薬草園の施設を改修し、敷地内で栽培している植物と、縁あってつながった日本全国の優れた果物を原料に蒸留酒やジャム、シロップ、お茶などを作っています。

そもそもは、江口さんが「ユトレヒト」を営んでいた際に、ドイツの出版社「リボルバー」の代表、クリストフ・ケラー氏と出会ったことが始まりだったのだと言います。ケラ

大事なことは
語り合っても
解決しない。
必要なのは、
同じ空気を
吸うということ

ー氏が、引退後ドイツの田舎で蒸留酒を作っていると知り、たまたまそのボタニカルジンを飲んだ江口さんが、ハーブやスパイスがきいた香り豊かな味わいに感動。なんと、自分でも作ってみたいと、「ユトレヒト」の仕事を少しずつ人に譲り、家族4人でドイツに渡って、ケラー氏の蒸留所内の農家屋に住み込み修業させてもらったそう。帰国後土地を探し、この薬草園に出会って、さまざまな苦労を乗り越えながら蒸留所をオープンさせたというわけです。

1万6000㎡という広大な敷地には、約500種類の薬草が植えられているのだとか。私が訪ねたときには、まだ準備を始めたばかりの頃で、古い施設の改修が少しずつ始まっていました。ご家族が寝起きをしていたのは、まるで学校の宿直室のような和室。当時長女の美糸《みと》ちゃんは7歳。次女の紗也《さや》ちゃんは4歳。小さな子供を抱え、住環境も整っていない場所で、毎日がキャンプ生活のような日々を送ることは大変だったに違いありません。自然に囲まれた生活は素敵だったけれど、祐布子さん、大丈夫かな？　とちらりと思ったのでした。

夫の夢に、妻はついていけるのか？

本屋を営んでいると思っていた夫が、ある日突然「日本初のボタニカルブランデーの蒸留所を作るぞ！」と言い出したら、私だったらいったいどうするだろう？　うまくいくかどうかはわからない夫の夢にかけ、一緒に歩み出すってどんな気分なんだろう？　そんなことを考えながら、今回のインタビューをお願いしました。

久しぶりにたずねた「ｍｉｔｏｓａｙａ薬草園蒸留所」は美しく整い、立派な醸造設備が完成していました。元研修棟の2階が、素敵なお住まいに。今の生活について伺う前に、まずは結婚当初のお話を聞いてみることにしました。「どうして江口さんと結婚しようと決めたのですか？」と質問してみると……。「本当にあれよあれよという間に進んでいって、あんまり記憶にないんです。覚えているのは、『結婚式をやろう！　どうせなら、楽しいことを企画しよう！』という江口さんにどんどん巻き込まれていったことだけ。今思えば、あれがプロローグだったなあって思います」と笑いながら教えてくれました。

中目黒の公園を借りて、ケータリングを頼み、手作りで素敵なガーデンウエディングを

大事なことは語り合っても解決しない。必要なのは、同じ空気を吸うということ

されたおふたり。「周囲は草ボーボーだったんですが、そこにイケアで買ったテーブルを並べました。私はドレスを家から着て行って、最後の仕上げだけ公園内のトイレでしたんです」と祐布子さん。何かを始めるときの発案者はいつも江口さんなのだそうです。「それはちょっと……」と思うことはないのでしょうか？

「ありますよ～。だいたい私はいつもそこから入るんです。私は江口さんと対極の視点を持っていて、常にネガティブから入るんです。『それ、本当にできるの？』って。たぶん私も『面白いのはわかるよ』って思っているんだと思います、でも、同時に『それ、面白いけど、現実的にはどうなの？』という頭もあって……。なのに、なぜか気がついたら巻き込まれて一緒に走り始めているんですよね～。ひとつひとつ目の前の問題をクリアしていけば、なんとか理想の形になっていくんです」。

いつも楽しそうに笑っている祐布子さんがネガティブだったなんて！　概して夢見る男性に対し、女性の方が現実的なのかもしれません。「それぞれの走り方というか、荒さと細かさって、人それぞれ違いますよね。江口さんはざっくりとした考えを持つタイプで、それはすごく画素数の粗いものだけど、大きくて広い思いをちゃんと持っているんです。私は、スタッフと協力して細かいところを詰めていくという感じですね」。

私と同じように、掃除や洗濯はやってくれなくていい

そもそも結婚されるとき、祐布子さんは江口さんのどこに惹かれたのでしょうか？「う〜ん、なんだったんだろう？　いつも思うのは、『私たちって、本当に違うよね』ってことです。１８０度違うと思っているから。江口さんと私って、助け合ってはいるんですけど、支え合うとか寄りかかるとか、そういう感じの関係ではないんです。だから『自分は自分で生きていかなくちゃいけない』って常に思っていました」と教えてくれました。

どうやら祐布子さんが男性に求めることの中には「頼りになる」という項目は入っていなかったよう。「私は最初からフリーランスとして仕事を始めたので、何かに属し、誰かに世話をしてもらうっていう意識がまったくなかったんです。江口さんと出会ったときには、仕事を始めて10年が経っていたし、結婚してお嫁さんになるとか、誰かの奥さんになる、っていう気持ちが薄かったのだと思います」。

なんて強い独立心の持ち主なんだろう！　と驚きました。私も同じフリーランスだけれ

ど、心のどこかにいつも「誰かに養ってもらったら、もっとラクなのに」とか「守ってもらって安心したい」という思いがあったように思います。でも、今回祐布子さんのお話を聞いて、改めて冷静に歩んできた道を振り返ってみると……。もしかしたら私も同じように「自分は自分で生きる」という道を無意識のうちに選んできたのかも？　と思い当たりました。それは、「誰かに守ってもらう」生活が、私の性格上、きっと物足らないとどこかでわかっていたから。

私も夫もフリーランスで、若い頃はそれぞれが自分で自分の仕事を作る、ということに一生懸命でした。もし、途中で子供ができていたら、自然に働けなくなって、夫に経済的に頼るということになったかもしれません。残念ながらその機会がなかったので、お財布はずっとふたつのまま。私はラクな方へ流されがちなので、神様が「自分で自分の食い扶持を稼がなくてはいけない」という状況を、「頑張るためのエンジン」としてプレゼントしてくれたのかもなあと感じています。

「こうだったらいいなあ」と口に出すことと、本当に望んでいることは、意外に違っていたりします。そして、自分の本心に気づかないと、夫に望むことがいったい何なのかさえわからなくなります。得てして陥りやすいのが、私のような「守ってほしい願望」。その裏には「傷つきたくない」「失敗したくない」という無意識の自己防衛機能が働いている気がします。でも、不安や心細さを乗り越えてやってみる……。そのプロセスが自分を成長させてくれることを知ると、強くなることができます。偽物の「守ってほしい」という願望は、「自分が自分であること」を妨げます。自分の伸び代を自分で制限してしまう……。でも多くの女性は、きっと意外に強いのです。

ここ数年「女の再起動」という言葉をよく聞くようになりました。子育てがひと段落したり、仕事である程度キャリアを積んで、そつなくこなせるようになると、ふと足を止めて振り返りたくなります。そして、「このまま老いていく前に、何かを自分でやってみたい」と思う……。それは、きっと年齢というタイムリミットの前に、自分が本当に望んでいることに耳を傾けるようになったからなのかも。そして、自分との向き合い方を変えたとき、夫に望むものも少しずつ変化していくよう。「今、私が望んでいることって、ほんと？」と自分の胸の奥に問いかけることは、夫婦のあり方を見直すきっかけになりそうです。

家事を「イヤなこと」とカテゴライズしない

話を戻して、出産後の暮らしと仕事について伺いました。お子さんを産んで、祐布子さんの毎日にはどんな変化があったのでしょう？　「仕事は、やっぱり少しペースダウンしましたね。でもそれが自然だったというか……。『子供が産まれたから仕事を減らします』と宣言したわけではなく、なんとなく子育てに夢中になっていたら、なんとなく仕事も減って……。美糸ちゃんを産んでから、どこかに預けるという選択肢はまったく考えていなかったので、幼稚園に通うようになるまで、ずっと一緒にいました。いい子だったので、すごく楽しかったんです」。

当時江口さんは、「ユトレヒト」の経営のほかにも、「無印良品」のコスメの広告を作ったり、コピーを書いたりと、超多忙な日々を送っていらしたそう。「朝ご飯を食べて、『行ってきまーす』と出て行ったら、深夜まで帰ってきませんでした。完全なワンオペでしたけど、私は家のことを夫にやってほしいと思ったことはないんです。『私たちは正反対である』という悟りが、いいスタンスを生んでくれていたみたい（笑）。常に違うことをやっていてほしいから、掃除や洗濯を一緒にやってくれ、とは思わないんですよね。そして、私は家事が嫌いじゃないし、常々いろんなこだわりをもって、掃除も洗濯も料理も楽しみながらできている……。時々ちょっと大変だけど、『私は平日掃除をするから、週末はあなたがやってよ』とは、一度も思ったことがないんです」ときっぱり。

きっと祐布子さんは、家事や子育てを「大変」だとは感じても「イヤなこと」とはカテゴライズしていないのです。私は2〜3度、祐布子さんにご飯やスイーツを作っていただいたことがあります。プチトマトとプラムのサラダ。かぼちゃのスープにはレモンを効かせて。炊き込みご飯にはレモングラスを入れて、とそのひと皿ひと皿の美しかったこと、おいしかったこと！　庭のハーブを摘んで、匂いをかいで即興で組み合わせる……。そんな料理は、まるでデッサンを描いているようでした。いつもの料理や掃除や洗濯も、祐布子さんの目で見れば、「やらなくてはいけない家事」ではなくなって、夫に対して「どうして手伝ってくれないのよ」と目くじらを立てることもないのかもしれません。

同じ空気を吸うだけで、わかりあえることがある

5年前に、江口さんと祐布子さんはふたりの娘さんを連れてドイツに旅立ちました。その頃には、もう帰国後に蒸留所を開くということは決まっていたそうです。「江口さんは基本的には『本の人』ではあったんですが、そのほかにも常にいろいろなことを考えていて、その中のひとつに蒸留があった、という感じですね。彼はその頃ちょっと自分の状況を変えたいと考え始めていたようで……。自分ひとりが『行ってきます』と出かけて帰ってくるような生活に疑問を持ち始めていたよう。家族ができたことで、今までの仕事に少しずれが生じて、『家族と一緒に何かできることはないのか』って迷っていました。そんなときにカチリとはまったのが、蒸留という技術だったんだと思います」と祐布子さん。

江口さんにも少しお話を伺ってみました。「『自分が成し遂げる仕事』や、『自分のための仕事』という意識がちょっと違うなあと思うようになっていたんです。でも都会にいて、人や情報にまみれていると、いつの間にかそういう気持ちになってしまう……。自分の意識はなかなか変えられないから、環境を変えてみるのがいいやり方なのだと思います。僕

は、いつも『家族でできる仕事』を指向しているつもり。そもそも自分を含めた家族のために仕事をするのだから、仕事のために家族のことがおろそかになってしまうのは本末転倒だなと思って……。でも、本屋をやっていた頃は、それがなかなかうまくいきませんでした。仕事をする場所と内容が規定されてしまうので、家族と乖離してしまうんですよね。それならいっそ、生活と仕事を一体化すればいいんじゃないか、と思って今はこの仕事をやっている感じかな。極めて当たり前の、古くからある家族経営の農家のようなスタイルですが、田舎で家族で仕事をしているけれど、でもしっかり外への影響力のあるクオリティの高い仕事ができているのが現代風かなと思います。まだまだですけどね」。

ドイツでの日々は、それは楽しかったそう。ケラー氏の作る蒸留酒は、美しいボトルに詰められて、活版印刷のラベルを貼り、エディションナンバーを打ち、まるで1冊の本のように仕上げられていました。「私ももともとジャムを作ったり、ラッピングを考えるのが好きだったので、ボトルのデザインやラベルを考えることにすごく興味があったんですよね。なによりクリストフさんの世界観が素晴らしかったんです。ドイツに行くことで、江口さんが『こういうことがやりたい』ということを丸ごと見せてもらった気がしました。彼は醸造所を作りたいのではなくて、お酒を通して、プロダクトとしてのデザインや、自

大事なことは語り合っても解決しない。必要なのは、同じ空気を吸うということ

然とのつながりや、家族との時間など、いろいろなことが豊かに連鎖していく生活を作りたい、と思っているんだ。そう知って私も納得した気がします」。

夫婦が互いに理解を深めるには、言葉を尽くして語り合うよりも、同じ経験をともにするという方がずっと近道なのだと思います。私も夫と一緒にタイに行き、汚い屋台でラーメンをすすり、ボロボロの寝台列車で南へ移動しながら、旅好きの彼が旅というもののどこに惹かれるのかを、体で理解しました。夫は私に連れられてギャラリーを巡り、山奥の自然に囲まれた一軒家で心尽くしの美しい野菜料理を一緒に食べて、私が何に心動かされるのかをわかってくれたように思います。私はタイに行く前は「え〜、北欧の方がいいな〜」とブツクサ言ったし、夫は「そんなこじゃれたところでは食べた気にならん！」と、私のおすすめの店へ行くのを渋っていました。人は自分の経験値がない世界に足を踏み込むとき、なんとなく気が重たくなるものです。でも、知らないからこそ、体験してみると一気に扉が開く……。そんな経験を何度か繰り返し、相手が嫌がっても「とりあえず行ってみよう」とまずは引きずり込むことが何より大事と理解しました。

自分のために、自分を１００％使えなくてもいい

今「ｍｉｔｏｓａｙａ蒸留所」の中で、江口さんはスタッフとともに蒸留酒を作り、祐布子さんはお茶やジャム、シロップ作りを手掛けています。「少し前は柑橘類、今はプラムや桃。どっさりと材料が届くので、季節と追いかけっこで作っている感じ。たとえばプラムが１００キロ届いて、そのうち10キロをジャムにするんですよ」と教えてくれました。

実はこの取材日の少し前、久しぶりに「オープンデイ」を開いたばかり。「ｍｉｔｏｓａｙａ蒸留所」では、広大な敷地内を自由に散策しながら、そこにある植物を手に取り、匂いをかぎ、全身で自然を体験する、という「オープンデイ」を不定期に開催しています。前回は季節の野菜とハーブを使ったサンドイッチランチをお出ししたのだとか。新型コロナウイルス感染症対策で、来場者を減らしたそうですが、それでも２００名分を祐布子さんがひとりで作ったのだと言いますからびっくり！

「過去何回かはケータリングをお願いしたんですが、天候によって中止になってご迷惑をおかけしたり……。だったら内輪でやった方がいいだろうということになって。近所の昔

からあるとんかつ屋さんにとんかつを頼んでおいて、うちの蒸留後のもろみをベースにして、たまねぎや人参を加えたウスターソースを作ってカツサンドを作ったんです。大変だったけれど、いい経験でした」。

ジャムやシロップを作るときには、季節の果物と園内のハーブとを組み合わせて即興で。「植物の美しさにはっとしたり、味が決まったときに『やっぱり！』とガッツポーズをしたり。それは楽しいですね。でも、何日までに終わらせなくちゃ、というリミットがあるから大変！」と祐布子さん。

そんな様子を伺いながら、ちょっと心配になりました。祐布子さんは自分の仕事をちょっと横においておいて、江口さんの手伝いをされているのでしょうか？　今の祐布子さんにとって「絵を描く」ということは、どういう意味を持つのでしょう？

「自分の仕事に向き合う時間がない……と葛藤しながらやってきた時期もあるのですが、最近ジャムやシロップを作ることも『私の表現だ』と思えるようになったんです。絵を描くということは、鉛筆で線をひいて色を塗ることだけではない、と常々感じていました。ここに暮らし始めて、果物の皮をむいてコトコトと煮ながら、ボトルやラベルもすべて自分で手掛けるようになって……。ここ1年ぐらいでやっと『これも自分の表現です』とちゃんと言えるようになったかなと思います」と祐布子さん。
夫の仕事を手伝ったり、子育てで時間を取られたり。自分の仕事に自分自身を１００％使うことができない……という悩みは、多くの女性が持つもの。私には子供がいないので、子育てのために、強制的に仕事をシャットダウンしなくてはいけない、という経験がありません。打ち合わせをしていても「お迎えの時間だから」と駆け足で去っていく同業者に手を振りながら「大変だなあ」と思うこともしょっちゅう。でも、反面とてもうらやましく思うのです。彼女たちは、編集者でもありお母さんでもあり、ふたつの世界を手にしています。昼間は編集者の顔で働いていても、夕方からはお迎えに行ってご飯を作って……と「お母さんの顔」になる。仕事1本しかない私には、そうやって、ふたつの世界を行ったり来たりすることで、1本ではすぐポキンと折れてしまう人生が、より太く強くなるように思えました。まっすぐに自分の道を歩いていくのは簡単ですが、自分の計画や予定になかった脇道に逸れることで、人生は彩りを増すのではないかと思います。予測していなかったから、とまどうし、面倒だし、手間も時間も今までの倍必要だったりします。でも、だからこそ思いもかけない発見があり、自分の可能性が広がり、きっと新しい扉が開くのだと思います。

大事なことは
語り合っても
解決しない。
必要なのは、
同じ空気を
吸うということ

夫婦の問題は、言葉では解決できない

最後に祐布子さんに「これから」について聞いてみました。新しい事業を立ち上げ、経済的な不安などはないのでしょうか？「借金もいっぱいあるし、それを返済する目処もこれから立てていかなくてはいけなくて、普通に考えたら不安になるはずなのに、あんまりその危機感がないんです（笑）。江口さんが今までやってきた実績を信頼しているということもあるんですが、お金のことはなんとかなるだろう！って常に思っているんですよね。『私たちは間違ったことはやっていない』という自信があるので、きっとなんとかなるんだろうって思うんです」。

その確信はどこから生まれるのですか？と聞いてみました。「それは、手から生まれてくるものに対する信頼ですね。季節が巡って、実りがあって……。それって本当に普遍的なことじゃないですか？それをいただいて自分の手から出てくるものがいちばん信頼できる。そして、自分たちが作っているものが、常に誰かの喜びとなっていたらいいなと思います」。

祐布子さんは、毎日の中で起こるいろいろな出来事について、そして江口さんが手掛けることについて、あれこれ考えるところがあったとしてもあえて口にしないのだと言います。「言わないでおく。飲み込む、って大事なことだと思うんです。私は思ったことをなんでもかんでも言うのが正しいとは思っていなくて……。夫婦でも親子でも、なんでも伝え合うとか、話し合うって、私は苦手なんですよ。話し合っている時間があったら、次のことやろうよって思うんです。話し合いで解決できることって少なくないですか？」。

なんと！　こんな考え方もあるのだと驚きました。「言わないでおく」ことで「自分が何ができるのか？」にじっくり向き合うことができ、それが解決につながるなんて……。確かに言葉には限界があります。夫に対して不満があったとしても、もしかしたらそれは自分の体調がちょっと悪くて腹が立っただけかもしれない。不満の原因が何だったのかを自分で理解し、言語化することは難しいものです。そもそも長年培ってきた互いの価値観は、話し合って変えられるものでもないのかもしれません。悩み、迷っている最中は、どんなに夫に相談しても、夫だってきっと悩んで迷っている最中なのです。そこに「答え」を求めて与えてもらえないからイライラする……。だったら「こうしてみようか？」と自分で行動を起こした方がずっと確か。

大事なことは
語り合っても
解決しない。
必要なのは、
同じ空気を
吸うということ

誰かのためにと自分を「犠牲」にすると、人生はとたんにつまらなくなります。夫婦で一緒に生きるとは、自分が選んだ道の外側にもう1本道があると気づくことなのかなあと思います。あっちを覗いて面白ければ、一緒にそのまま歩けばいいし、あっちを経験してから、こっちへ戻ってもいい。確かなのは、2本あるからこそ、人生が豊かになるということ。無理に1本にまとめなくても、行ったり来たりしながら、その道端に落ちている果実を、あれこれ拾ってみたら楽しそうだなあと思いました。

1 夫の企てに巻き込まれてみる

男は「できそうにないこと」を夢見て、女は「そんなことできるはずないよ」と現実的になりがち。でも、うまくいかないかもしれないけれど、夫の企てを面白がってみるのも楽しいかも。

「え〜、そんなこと無理無理!」と言う前に一度にやってみる……。祐布子さんが教えてくれたのは、「とりあえず目の前にやってくることを楽しむ」ということでした。「もし失敗したら?」と心配したり、「うまくやってやろう」と力まずに、ふたりでそのプロセスを楽しめば、たとえ思い通りの結果にならなくても、その経験が人生を豊かにしてくれそうです。

2 夫と同じ空気を吸ってみる

どんなに言葉で説明してもらっても、わからないことがあります。夫を理解するには、自分とは別世界だなと感じても、彼が大事にしている世界に思い切って入り込んでみるのがいちばんの早道。たとえばプロレス好きの夫なら、一度は一緒に行ってみる……といった具合です。もし、「私はやっぱり好きになれない」と思うなら、それはそれでOK。好きにならなかったとしても、その空気や匂いを知っていれば、「ああ、あれね」と、歩み寄ることができそう。

3 あえて夫と話し合わないという選択もあり

夫のやり方に「なんだか違うよな」と感じたり、「私ならこうする」と言いたくなったり。とことん話し合うというのもひとつの方法ですが、あえて、「すべてを言わなくても大丈夫」と思うのも、夫婦のひとつのあり方だと知りました。すぐに解決しなくても、時間をかけてわかっていけばいい。そう思いながら、自分の居場所で淡々と過ごしていると、「夫がやっていること」をおおらかに受け止められるような気がします。

夫とは、
妻とは。
そんな役割の一歩外に。
見方を変えれば、
ご機嫌に暮らす方法が
見つかる

竹田理紀さん（フリー編集者）

年齢・45歳／夫の年齢・57歳／結婚した年齢・33歳／子ども・1人（11歳女児）

竹田理紀（たけだ・まさき）　1975年埼玉県生まれ。東京造形大学在学中にテレビ番組の構成、リサーチに携わったのち、卒業後は主婦と生活社で「私のカントリー」などの暮らしにまつわるムック・雑誌の編集の道へ。出産後、宝島社に入社。2018年に独立、「ミネヲ舎」の屋号で、編集・クリエイターのマネージメント業に携わる。カメラマンの夫、女児（11歳）1人とともに暮らす。

夫婦が互いに生き生きと生きるために

夫婦が共有できる時間は意外と少ないもの。仕事から帰って、ご飯を食べ、寝る……。できればそんなわずかな時間の中で、たわいない話をしながら「おいしいねえ」と食べ、お風呂から上がって「ああ、さっぱりした」と言い、「はあ〜、今日も1日無事に終わって幸せ」とベッドに入りたい。たったそれだけでも、幸せだなあと、50歳を過ぎて思うようになりました。若い頃は、何を得て、どう成長し、何を成し遂げるかが大事だったけれど、ただ「得る」だけで、それを「味わう」時間がなければ、決して届かないニンジンを目の前に走っているだけ……。やっとそう気づき始めた気がしています。それでも、新しいことを発見したり、誰かに会って「わあ、すごい」と感動したり、人生にはワクワク感が欠かせません。できればどんなに歳をとっても、明日が楽しみになるような生き方がしたいなあと思います。

自分を輝かせてくれるものは何なのか。人はそれを探し続け、その探すプロセスそのものが面白かったりします。「これだ！」というものを手にするには、時間がかかるし、ずっと見つけられないことも。自分ひとりでさえ探すのが難しいのに、横にいる夫に、同じような喜びを手にしてもらうことは、もっと難しい……。たとえ一緒に暮らしていても、妻がワクワクする理由と、夫がワクワクする理由は、まったく別物だよなあと思います。「この本、すごく面白かったよ」と勧めた本が、夫にはまったく興味がなかったりします。逆もまた然り。「この映画すごくいいよ」と言われて見てみたのに「どこが？」と言いたくなることも。同じおかずを「おいしいね～」と一緒に食べることはできても、何に心をときめかせ、何によって自分を輝かせるかは、ひとりひとりまったく違います。それを無理に同じにしようとすると、「どうして面白くないのよ！」と言っても仕方がない文句を言うことになります。大事なのは、自分の宝物は自分で探すしかない、と知ることなのかもしれません。そして、まったく違う宝物を拾うからこそ、「ほら」と見せ合ったとき、2つの喜びを味わうことができるのかも。妻も夫も、それぞれがワクワクすることを見つけ、互いに自分の人生を面白がるにはどうしたらいいのか……。自分の力が及ばない夫のワクワクを、どう応援し、自分とどう調和させればいいのか知りたくなりました。

しばらく会わないうちに、「えっ、転職したの？」「えっ、結婚？」「あら、赤ちゃん産まれたの？」「なんと！　マネージング業を始めたんだって⁉」と、目まぐるしく人生が展開する……。私にとって竹田さんは、そんなガッツと突破力を持つ人です。数々の雑誌、書籍などを手がける敏腕編集者。出会いは、彼女が「主婦と生活社」で働いていた頃でした。当時、一緒に組んで仕事をすることはなかったけれど、編集部を訪ねたついでにちょっと雑談をすると、「なんだか面白いことを言う人だなあ」と感じたものです。その後「カメヤマローソク」にプレスとして転職し、さらに「宝島社」へ。雑誌「リンネル」を経て、「大人のおしゃれ手帖」の立ち上げに加わり、編集者としての力をメキメキと発揮。3年前にフリーランスとして独立されました。そんな彼女が今年、都内に事務所を構えたと知りました。九段下にある古いレトロなビルの一室をリノベーション。事務所として使う他、展示会や企画展を開催したり、レンタルスタジオとしても貸し出すのだとか。さらには、カメラマンやスタイリストのマネージメント業も始めたと聞いてびっくり！　いったい竹田さんは、どこを目指しているのでしょう？

彼女のドラスティックな仕事姿勢を見ていると、今年11歳になる娘さんのお母さんであることをすっかり忘れてしまいます。出産後すぐから働き出し、その仕事量たるや、とても乳幼児を抱えている母親とは信じられないほどでした。深夜まで編集部にいることもしょっちゅうで、いろんな人とご飯を食べに行ったり、取材で女優さんを連れて海外にも行ったり。私も仕事人間で、人生のまんなかに「仕事」を置いてきたので、彼女の夢中っぷりはよくわかります。竹田さんは、妻であり母であることとどうバランスをとっているのだろう？　と今回お話を聞いてみたいと思ったのでした。

「尽くしすぎない」ことも大事

カメラマンの夫が作品を持って編集部に売り込みに来たのが、最初の出会いだったのだと言います。「ニューヨーク帰りで、ちょっとかっこいいカメラマンがいるよ」といううわさは、当時私も耳にしていたし、仕事をご一緒したこともありました。まさか、峰尾ちゃん（竹田さんの旧姓）の結婚相手になろうとは！

「当時私は『ひとり暮らしをとことん楽しむ』という雑誌の編集部にいたんですが、彼はモノクロの写真集のようなブックを持ってきてくれました。『竹田さん、申し訳ないんだけど、この雑誌では『キッチンの掃除の工夫』みたいな企画しかないから、クオリティが違いすぎて、とても仕事をお願いなんてできません』って言ったんですよね（笑）。でも、

夫とは、
妻とは。
そんな役割の
一歩外に。
見方を変えれば、
ご機嫌に暮らす
方法が見つかる

何度も来てくれて、『じゃあ掃除ネタでもいいですか？』って、キッチンの排水口の掃除のビフォーアフターを撮ってもらったんです。そうしたらビフォーの汚い排水口のはずが、キラキラと美しくて。『もっと汚く撮って！』って言ったのを覚えています（笑）。彼の写真はストロボでの光の作り方がすごくきれいでした。この人に排水口を撮らせていたらもったいない！　と、メインページをお願いするようになりました。一緒に車に乗って現場に行ったり……。そんな中でいつの間にか結婚していたんです」と笑います。

どうして「この人だ！」と思ったのですか？　と聞いてみました。「そもそも私はファザコンなんです。ずっと頭のいい人が好きで、結婚するなら尊敬できる男性と、と思っていました。でも、『この人すごい』って思う人は、出会ったときの点数がマックスで、その後確実に下がっていくんです。日常ってかっこいいことだけではやっていけませんから。彼は、その点ラクだったんですよね。自分のままでいられるというか……。尊敬から入ると、どうしても『その人に沿う自分になろう』としすぎるから疲れちゃって。我慢してあげようとか、相手に合わせようとか。そういうことをやりすぎちゃうタイプでした。だから、結婚してから夫に『騙された！』って言われました。『最初はあんなに尽くしてくれたのに』って（笑）。そんな本性を許しあえるかどうかも、夫婦って大事なんじゃないかなあ？　もっとも夫は付き合い始めても、結婚しても、全然変わらないんですけどね」。

私も「尽くしすぎる」ことで、たくさん失敗してきました。男性は本質的に甘えん坊。「やってあげすぎる」ことで、どんどんこちらにもたれかかり、本来なら自力でできることが、できなくなってしまいます。私は「姉御体質」なので、相手が困っていると、どうしても手を差し伸べたくなります。でも、「甘やかす」と「支える」の差を読み解くことが難しい！　特に相手の人生がうまくいっていないとき、「どうにかしてあげたい」と思いがちです。私も、かつて「なんとかならないものか」とヤキモキし、「世話焼き」をしたものです。でもあれこれ手を出してみて思うことは、結局なんにも助けられなかったということ。自分の人生は自分の足でしか歩めない……。もし、手助けするとしたら、このことを肝に銘じておかなくてはいけないのだと思います。「私が助けてあげられる」と意気込みすぎると、「せっかく○○してあげたのに」と恩をきせたくなります。「してあげた甲斐」がなくなると、がっかりして相手に失望して、と負のスパイラルが始まってしまいます。夫婦が支え合うためには、まず互いの人生は別物、と知っておくことが大事な気がします。

子育てでは「できないこと」でなく「できること」を考える

結婚と同時に出産。いきなり母となった竹田さん。それはちょうど「主婦と生活社」「カメヤマローソク」のプレスをやめてフリーライターとして仕事を始めた頃でした。「子供を産んだら自分がどう変わるかが楽しみでした。もしかしたら子供があまりにかわいくて、『仕事なんてや〜めた！』って言いだすかもしれない……って。でも、実際は自分が『置いてきぼりになる感』がムクムク膨らんで、焦りの方が大きくなってしまいました。結局産後3か月ぐらいから、打ち合わせを入れ始めて、抱っこして行っていました」。

竹田さんには「結婚したら夫に養ってもらう」という考えは一切なかったそう。「それは母の教えですね。母は服飾デザイナーで、当時は珍しかったキャリアウーマンでした。私を妊娠したとき、母は産むかどうかを悩んだそうです。一番仕事がのって楽しい時期だったようです。そうしたら編集者だった父が『冗談じゃない。だったら僕が会社やめる』と、家に入ったんですよ。父は私を育てながら翻訳の仕事をし、その後学習塾を経営していました。そういう両親がいたから、私には夫が働き、妻が家庭を見る、という世間的な常識がないんです。母には小さい頃から『手に職をつけなさい。自立をしなさい』って言われていました。高校時代はそれに反発して、『女たるもの、子供を産んだら家庭に入るべきだ』と周りの人にも言っていたんですけどね。というのも、母は弟が産まれたのを機に、仕事をやめて家に入りました。そうしたら、楽しそうに弟を可愛がっていて……。そんな母に対する反抗だったのかもしれません」と竹田さん。

夫婦共にフリーランスだったので、6か月で無認可の保育園に預けていましたが、あまりに保育料が高すぎて、途中からは都内から埼玉県川越にあるご実家まで預けに行くようになりました。「朝、川越まで行って、駅で親に『はいっ』ってお願いして仕事に行っていました。預かるほうもしんどかったと思うんですが……。当時のことはあんまり覚えていないんです」。

子育てに関しては、どう考えていたのでしょう？「とにかくぜんぜんしゃべれないうちから、娘とお話ししていました。『わからない存在』として扱うのではなく、『なんでもちゃんとわかってるんだ』と思い込んで育てたという感じです。『今日さ〜』って話しかけて（笑）。娘はぽか〜んとしていましたけど、私がラクになったんです。ぎゃ〜って泣かれるとつらくなっちゃうんですが、逆に『そうですか〜、困りましたね〜』って話しかけるんです。『どうかしましたか？』って。それでも、時には泣きながら家の周りをおんぶして歩いたこともありました」。

毎日スープを作り、大人はそれを食べて、子供にはそれをつぶして離乳食に。「だから、毎日スープばかり作っていました」と笑います。野菜たっぷりのスープさえあれば大丈夫。子供には、ちゃんと人として話しかけておけば大丈夫。あれもこれもと欲張りにならず、完璧さを求め過ぎず、自分が本当に大切にしたいことが1個できていればいい……。そう信じる強さはすごい！

子育ては、ご飯を作って一緒に食べることだけじゃない

2008年のリーマンショック以降、夫の仕事が激減。娘さんは1歳半になっていました。「夫に対して『もっと営業した方がいいよ』などと、うっかり忠告してしまったんですよね。そうしたら、プツンと切れてしまったようで、夫はうつ状態になってしまいま

した。でも、私はそのことに全然気づかなかったんです。やがて帯状疱疹ができて、緊急入院しました。三半規管のあたりに帯状疱疹ができると、失明の危険性があるようだったんです。そんな時期を経て、まずは自分が安定しよう、と考えるようになりました。そこで『宝島社』に入社することに。そうすれば、彼のことを追い立てることもなくなるだろうし、彼は彼のペースで仕事ができるならそれがいいんじゃないかと考えたんです。ちょうど『リンネル』が月刊化されるタイミングで、編集長に誘われて入社試験を受けました」。

1歳半の娘を抱えて、夫の具合が悪くなるなんて、どんなに不安だったことでしょう。「反省しましたね。私がいけなかったって」と竹田さん。「『彼は、何かを生み出す仕事をしている人なので、ストレスがかかるといい写真が撮れません。だから私が安定することで、気持ちよく仕事をしてくれたらいいなと思ったんです」。

ところが……。入社して竹田さんがきちんとお給料をもらうようになると、さらに喧嘩が絶えなくなったそう。「毎日出勤するようになると、フリーランスの彼に家事の負担をかけてしまいました。特に家事や育児の分担を決めていたわけでもないし、『時間があるんだからあなたがやるのが自然じゃない？』で済ませて」。しかも、入社したとたん、またまた竹田さんの「仕事大好きモード」が復活！　月刊誌の仕事をしながら、ムックを作

夫とは、
妻とは。
そんな役割の
一歩外に。
見方を変えれば、
ご機嫌に暮らす
方法が見つかる

ったり、書籍を手掛けたり。「それが面白くて仕方がなかったんです。本の企画から入稿まですべて自分で手掛けられるのが楽しくて。深夜まで編集部にいて、家に帰らない日々が始まりました」。

家事のしわ寄せはますます夫に。「彼にとっては、前もって何にも頼まれてもいなかったのに、突然毎日のようにご飯を作らなくちゃいけない日々が始まったんです。『どうして僕ばっかり！』と不満が爆発していました。思い返せば、私の〝お作法〟がまったく足りていなかったんです。どうしたいのか、どうしてほしいのか、何を手伝ってほしいのかって、ちゃんと伝えておけばよかったと、後から反省しました」。

深夜まで働く忙しさの中で、子育てはどうしていたのでしょう？「どんなに仕事に夢中になっても、どこかで時間を作って話をしていましたね。保育園のバッグなどは夜なべをして作っていましたし、役員やボランティア、朝の読み聞かせなど、学校のことは基本的に私が担当していました。そして、なるべく自分の趣味にまつわる場所へ一緒に連れて行こうと思ってました。会社勤めでよかったのは、土日は必ず休みだということです。娘が3歳を過ぎた頃から、一緒に舞台を観に行ったり、できる限り美術展に連れていったり」。

自分がやりたいことを貫くと、当然家族のための時間は少なくなります。私も原稿が立て込んだり、出張に行く際には、夫のことが放ったらかしになります。でも、そのことに文句を言う相手でなくて、本当によかったなあと思います。料理をしたり、家のことをするのが嫌いなわけではないのです。むしろあれこれ工夫することは大好き。でも、物理的に両方ができないときがある……。そんなとき、罪悪感を持たない、ということはとても大事なことなんじゃなかろうかと思います。仕事で晩ご飯を作ることができない。ということは事実です。でもそれを「悪いこと」と捉えるか「当然のこと」と捉えるかは人それぞれ。事実と感情を分け自分を納得させることも大事なのだと思います。

私が仕事で遅くなった日、ゴミ箱の中にコンビニのお弁当の空ケースを発見することがあります。「冷蔵庫の中に、昨日のおかずの残りがあるのに、どうして買ってきちゃうの？」と最初は、それを発見する度に怒っていました。私の中で「手作り」＝いいもの。コンビニ弁当＝悪いもの、という定義があったから。でも、夫にしたら、昨日と同じものを食べるより、自分で適当に見繕ったお弁当を、ビールを飲みながらつついた方がずっといいわけです。だったら、私の「いい」「悪い」の基準はいったい何だったのでしょう？

最近では、「コンビニ弁当」でもＯＫと思うことにしました。そして「作れないこと」に後ろめたさを感じない。彼は彼で適当にやればそれでいいと考えるように。時間がある

夫とは、妻とは。そんな役割の一歩外に。見方を変えれば、ご機嫌に暮らす方法が見つかる

日に温かいおかずを食卓に並べて一緒に食べて、「やっぱりおいしいの〜」と言ってくれればそれでハッピーなのです。

夫婦それぞれが自分と向き合う時間を持つ

7年前、竹田さんは都内から川越へ引っ越し、実家のすぐそばの中古住宅を購入。リフォームをして新たな住まいを手に入れました。「都内で家賃を払っていくのが苦しいというのと、会社員でローンが組めるうちに家を買っておきたい、という思いがありました。でも、いちばんは子供を都心ではないところで、のびのびと育てたかったからかな」。

こうして川越から都心の会社まで通う生活が始まったというわけです。「ますます娘とお父さんだけの生活になっていきました。深夜になってタクシーで帰ることもよくありました。それでも、川越に帰ると、仕事モードから開放されるんですよね」。

3年前に退社し、フリーランスに。「もう一度ゼロに戻りたいというか……。今なら振り出しに戻れる、という感覚があったんです。雑誌作りをやっていると、会う人のほとんどが、一期一会で『はじめまして』『さようなら』の繰り返しです。そういう中で、自分が何かやり残している気がして……。40歳を過ぎた頃、ずっと残せるような仕事がしたい、と思うようになりました。それが、どういう形になるのかはわからなかったけれど、50歳になったとき、その『かたち』が見えるようにしておきたい。だったら今、耕しはじめないとと思って」。こうして編集室「ミネヲ舎」を立ち上げ、「GOTTA」という名前でウエブメディアを作りました。「GOTTA」の由来は「ごった煮」なのだとか。「混沌としているようで、ひとつになるとおいしい化学反応をする。そんなごった煮のように、価値観はないまぜの方が面白い」。そんな場所と時間を提案したかったのだといいます。

実は夫は昨年から、カメラマンの仕事の傍、庭木の剪定《せんてい》の仕事を始めました。昔から植物が好きで、園芸関係の本の撮影などを担当しているそう。「よかったなあと思っています。私が思っていたのは、心が傷つくような営業なら、しなくてはいいのではないか、ということでした。彼は『毎日働きに出ている』ということがよしとされた一世代前の時代の人。口には出さないけれど、『妻ばっかり外に出て、自分は情けない』という思いがどこかにあったのかもしれません。でも、私は夫のことを情けないと思っていないし、『私はあなたがいなかったら働きに出られないし、娘のこともちゃんと育ててもらっている。『毎日働きに出ている』ということだけが、カメラマンとしての価値ではないんじゃない？』ということをよく言っていました。でも、夫本人は、『就職活動をしようかな？』と言い出したんです。それで『もし次に仕事をするなら、カメラ関係の仕事というよりも、自分がカメラの他に、もうひとつ好きになれるかもしれない、という仕事をしてほしい』って言いました。フリーランスのカメラマンとしての彼の足場を守りたかったし、何歳になっても何がどう花咲くかはわからないから、『もうひとつの何か』を始めることが大事だって思ったんです」。

そして夫が探してきたのが剪定の仕事だったというわけです。最初は親方について3か月ほど手伝いに。みんなが切った木を集めるだけの係だったそう。3か月経ったころに「こいつは辞めないな」と信頼されたのか、はさみの入れ方を教えてもらうようになりました。「毎日外に出ていたことが、心の安定につながったのかな。そこからです。家事に関して、私に何の文句も言わなくなりました。彼は家事がものすごく手早いんです。夕方5時か6時ぐらいに仕事から帰ってきたら、洗濯して、ご飯の準備をして……と頭の中でルーティンができあがっているから、どんどん片付けて。ますます私は家事をやらなくなりました

（笑）」。

　そして、気がつけば喧嘩の回数がぐんと減っていたのだとか。「私自身が仕事を一旦ゼロに戻して新しいスタートを切ったこと。そして夫はもうひとつの仕事を始めてみたことで、フォトグラファーである自分を楽しめていること。そうやって、それぞれが自分と向き合う時間を経て、夫婦関係が修復に向かっていったのかもしれませんね」。夫に限らず、そばにいる人に生き生きと生きてほしい、と願っても、それを実現するのは難しいもの。生き生きと輝くのは自分ではなく相手。だから、自分の論理は通用しません。何がその人を輝かせるかは、その人が選ぶしかないのです。身近にいる人ができることは、それを見守ることだけ。これは、夫に対しても子供にも、そして家族や友人に対しても同じことだと思います。

「今が人生でいちばん落ち着いている時期だと思います」と竹田さん。「もう別れちゃった方がラク！」と思ったことはないんですか？　と聞いてみました。「ありますよ〜。それはしょっちゅうです。でも、私は喧嘩したらすぐに忘れちゃうんです。川越に引っ越したばかりの頃は、言いたいことを言いまくって、言っちゃいけない言葉も散々言いました。『じゃあ、あなたが稼いでくれればいいじゃん！』とか『そういう女性がいいなら、そうい

夫とは、
妻とは。
そんな役割の
一歩外に。
見方を変えれば、
ご機嫌に暮らす
方法が見つかる

う人と結婚したらよかったじゃん！』とか……。サイテーですね。でもそうやって、ギャ〜ッて言うと、次の日反省するんですよね。そしてすぐに謝ります。とにかく言っては反省、言っては反省……という繰り返しでした。結局は自分の汚物を出しているだけだったんだろうなあ」。

夫のいちばん好きなところは？　と聞くと……。「私は技術を持っている人を、尊敬するんですよね。でも、カメラマンとしての資質に惚れるというわけではなく、好きなことをちゃんと持って、それをずっと続けてご飯を食べていく、というその行為自体が尊いと思うんです。男の価値は才能じゃない、って思っています。たぶん、その価値は『夢中』ってことなんじゃないかな。彼はカメラにずっと夢中です。そこだけは変わっていません」。

「もう1本の脚」を見つけることが大事

大切にしているものを手放さないために、「もう1本の脚」を持つ。その大切さを実感したのが、去年からマネージングを手掛けているカメラマン、下村しのぶさんが山形へ移住したことでした。「彼女はご主人と一緒に山形に移住することになって、農地付きの一戸建てを買いました。最初は東京から離れることで、撮影の仕事が難しくなるんじゃないかと、不安もあったよう。でも、そこで野菜を育てたり、日本蜜蜂を養蜂したり、お茶を作るようになりました。もともと彼女は料理を作ったり、植物を育てたりすることが好きだったんですよね。東京の暮らしとはまったく違った日常を持つことで、彼女はすごく穏やかに変わったんです。だからこそ、東京では撮影の仕事に集中できるようにもなった……。『もうひとつの自分』ができあがった瞬間、人って変わるんだなと実感しました。だから、竹ちゃん（夫）にも『もう1本の脚』があってもいいかもしれないと思えたんです」。下村さんから始まったマネージメント業は、その後縁がつながって、少しずつ広がっているそう。

夫とは、
妻とは。
そんな役割の
一歩外に。
見方を変えれば、
ご機嫌に暮らす
方法が見つかる

妻であり、母であるという「役割」の一歩外に出る

最後に、竹田さんにとって夫はどんな存在なのですか？　と聞いてみました。「支えてくれる人ですね。私がやりたい、と思う仕事を応援してくれます。この事務所を始めるときに、夫にも娘にも、両親にも頭を下げて『やらせてほしい』と頼みました。かなりお金を使ったし、融資も受けたし。でも、今回のことも、そして今までも、家族が仕事のストッパーになったことはありません。もうみんなを巻き込んで、面白がらせるしかないなって思っています（笑）。夫には本当によく話を聞いてもらいます。夜中に帰っても、叩き起こして話を聞いてもらったりするし、出来事はすべてしゃべっていますね。私が一方的にしゃべっているだけかもしれないけれど……。彼はそれに対して意見を言うより、共有してくれることが多いですね。私の『こうしたい』という思いはすでに決まっているので、それに対して『いやいやそれは……』と言ったら喧嘩になるとわかっているんです（笑）。今では『なるほど、君はそう考えるんだね。だったらそれでいいんじゃないか』みたいに、まずは私がやりたいことを、一度共有してくれるんです。娘にもそんな私の背中を見せる

しかないなと思っています。たぶん私にはそんな方法しかできなかったんです」。

竹田さんのお話を伺って、妻の役割とは、母の役割とは、一体何なのだろう？　と改めて考えさせられました。竹田さんにとってそれは、ご飯を作ることでも、掃除や洗濯をすることでも、そばにいてずっと見守っていることでもない……。そもそも、男とは？　女とは？　とも考えたことがないのだとか。「私の名前って理紀《まさき》と言うんですが、男性とも女性とも取れるでしょう？　これは父の『人間には男の部分と女の部分が共存していて、それで初めて人間として完成する』っていう考えからきているんです」。

竹田さんは、妻や母、男や女という「役割」にとことん無頓着でした。「私は自分のことにもまったく興味がないんです。ただ好きなことにさえ向き合っていれば、夜中に帰ることなど、何のストレスでもありませんでした。でも、自分には何もないっていう恐ろしさは常に持っています。写真も撮れないし、スタイリングもできないし、文章で自分を表現したい、という気持ちがあるわけでもない。だからこそ、夢中になれる人が好きだし、私の周りにいる人には、夢中でいてほしい。才能のあるなしは関係なく、あなたたちがそれを見つけられたんだったら、私はそれを全力で見守りたい。そう考えているかな」。

人は「役割」にこだわりすぎると、必ず「どれだけ役割を果たせたか」という評価がほしくなります。そして、評価を得るための自分と、本当にやりたいことをやるための自分が解離していってしまう……。だったら、今まで自分のものと思い込んでいた役割を、一旦忘れてしまうのもいいことなのかも。もしくは、別の見方で「役割」を見直してみれば、窮屈だった毎日がちょっと違ってきそうです。「妻だから」というご飯を作る理由を、「料理が好きだから」に置き換えたり、母としての役割と、「人間として」に置き換えたり、編集者という肩書をはずして「できること」を考えてみたり。「ものの見方を変えることで、家族でご機嫌に生きたいんです。そのために、夫婦でそれぞれ懸命に生きましょう、っていう感じかな」。そう語る竹田さんは、夫婦で、そして家族で生きることを、まったく新しい独自の方法で、一歩ずつ造りあげていっているように思えます。そして、それは竹田さんがいちばんやってみたかった「クリエイトする人」になることにつながっている気がしました。

1 尽くしすぎない

「これは、私じゃないとできないから」と思い込んでいることを、夫にひとつ手渡してみるのがおすすめ。ポイントは3つ。1、相手が「できない」と思わないこと。2、なんとなくではなく、具体的に頼むこと。3、夫の「得意」と結びつけてみること。「私より、ずっと几帳面だから、ガスコンロの掃除だけ担当してほしい」「力持ちだから、毎週末、布団を干す係をしてほしい」といった具合。役割を固定して、お任せし、「これは自分の仕事」という意識が育てば大成功です。

2 「夫婦」の世界から離れて もう1本の脚を見つける

このごろ夫婦の間がぎくしゃくしているな、と感じたら、夫と向き合うのではなく、自分自身に目をむけて「新しいことに挑戦してみる」というのもひとつの手。学生時代にやっていたことを、もう一度やってみる、というのがお手軽かも。ピアノを弾いたり、絵を描いたり、テニススクールに通ったり……。そんな時間を過ごして帰ってくると、旅から戻ってきたように自分がまっさらになり、新たな目で夫のことを見て、声をかけられる気がします。

3 「できないこと」でなく「できること」を考える

忙しくて掃除ができなかったり、ご飯を作る気力がなかったり……。無理をしないで「や～めた」と手放せばいい、とわかっていても、なかなか思い切れません。そんなときは、「これだけは」と「できること」を絞ってみると罪悪感を減らすことができそうです。部屋中の掃除ができなかったら、ダイニングテーブルの上だけ拭く。ご飯が作れなかったら、お味噌汁だけ作る……、といった具合。「ひとつだけでいい」と手を動かしていれば、いっぱいいっぱいになった心に、自然に風が通りそうです。

ずっとお母さんが家にいるという幸せを求めて

柞木百合子さん（専業主婦）

年齢・40歳／夫の年齢・40歳／結婚した年齢・28歳／子ども・2人（11歳女児、7歳女児）

栌木百合子（はしのき・ゆりこ）　１９７９年福岡県生まれ。専業主婦。地元で看護師として勤務ののち、学生時代から交際していた写真家・栌木功さんとの結婚を機に上京。夫・2人の女児（11歳・7歳）とともに暮らす。

人はみんな誰かに褒めてほしいのに

小学生の頃から優等生だった私にとって、いちばん大事なのは、先生に褒めてもらうことでした。勉強でいい成績を取ることも、クラブ活動でがんばることも、友達に親切にすることも、行動の基準は誰かに褒めてもらうため。だから、就職して社会人になったとたん、「あれ?」と、突然足元の梯子《はしご》がなくなったかのようなこころもとなさを感じたことを覚えています。学校生活だと、先生という「褒めてくれる人」がはっきりしているけれど、会社という広い世界の中では、いったい「誰に」褒めてもらうためにがんばればいいのだろう? とわからなくなってしまったのです。

フリーライターになると、今度は「早く一人前のライターとして認められて、仕事をバンバンもらいたい」と思うようになりました。仕事の依頼が増えれば増えるほど、それは私が「評価」されているという証拠。その実感がほしくて、オーバーワークになっても、眠れなくても、くたくたになっても「まだまだ」と仕事を増やし続けてきました。

でも、その間いつも不安でした。私はいったいいつまでがんばればいいのだろう? いつになったらこの不安がなくなるのだろう、とずっと胸の奥で感じ続けてきた気がします。さらには、褒められればワクワク喜んで、褒められなければガクンと落ち込む、とジェットコースターのように揺れ動く自分の心にだんだん疲れてきました。50歳を過ぎてようやく、人に「ものさし」を渡して、常に誰かに判断を明け渡しているから、振り回されるのだ……ということがわかってきました。「私がいいと思えばそれでいい」。そう割り切れればラクになる……。とは言っても、つい評価を気にしてしまうので、まだまだ自分で自分の「ものさし」を持つ練習の真っ最中です。

そして、褒められたいという思いは家の中でも同じ。ご飯を作れば「おいしいね」と言ってほしいし、部屋を片付ければ、気づいてほしい。でもともすれば、妻という立場は、毎日食事の支度をするのも、掃除をするのも当たり前。トイレットペーパーが切れたら、仕事帰りにドラッグストアに寄って買い、スーパーでレジをすませてから「あ！　牛乳がなかったんだった」とまた列の後ろに並び直し……。そんな私が費やした時間なんて、夫はまったく顧みず、トイレットペーパーがなくなれば「ないよ！」と言いにくるだけだし、冷蔵庫のドアポケットに新しい牛乳が入れてあれば、当然のような顔をしてそれをグビグビ飲むのです。そんな中で「どうして私だけ、こんなに忙しいのだろう？」とため息をつきたくなります。

たぶん、日々のイライラを、少しでも、晴れやかにしてくれるのが、悔しいかな一番身近にいる夫のひとことなのだと思います。たとえば……。毎晩「いただきま〜す」とご飯を食べ始めると、うちの夫は正直なので、「すごくおいしい」のか、「そこそこ」なのか表情ですぐわかります。ひとくち食べて「う〜ん、うまい！」と言えば、横でにんまり笑いたくなります。反対に、「ちょっと薄味やね」と私の顔色を見ながら控えめに言われると、がっかり。夫が悪いわけではないのに、むっつり黙り込んで不機嫌になったりします。

大袈裟に褒めてもらわなくても、自分がしたことに対して反応してほしい。もしかしたら、それは夫が妻に対して求めていることでもあるのかもしれません。最近、そこは、上手に利用しよう、という知恵もついてきました。夫がエアコンのフィルターをはずして掃除をしてくれたら、「うわ〜、助かるわ〜。すごくきれいになったね〜」と必要以上に感動してみせます。そうすれば、きっとまた来年もやってくれると体験上知ったから。自分が「そこまでやらなくてもいいのに」と思うことも、やってくれたら「すごいすごい！」と拍手をすることにしています。木枠の窓に隙間テープを貼ることだったり、雨どいの中の落ち葉をかき出すことだったり。心の奥底では、「やってもやらなくてもどっちでもいいな」と思っていたとしても、相手の行動によって、自分の心が動いたことをきちんと言葉や姿で示すということはとても大事。自分がしてほしいからこそ、夫に対してそう言葉にする。そんなささやかなやりとりが、夫婦の距離を縮めてくれるなあと思います。

専業主婦の正体ってなんだろう？

人一倍「褒められ欲」が強い私は、いつか専業主婦の方にじっくりお話を聞いてみたいと思っていました。ともすれば「やって当たり前」と言われる家事や育児。どんなに丁寧に掃除をしたところで、毎日ご飯を作り続けたところで、誰も褒めてくれなかったりします。そんな日々の中で、いったいどうやってモチベーションを保っているのでしょうか？

そこで、私がいつも撮影でお世話になっている、カメラマンの枦《はしの》木《き》功《いさお》さんの妻、百合子さんにインタビューをお願いしました。枦木さんは、「暮らしのおへそ」でもよくお世話になり、私の著書『かあさんの暮らしマネジメント』でも撮影をお願いした方です。

ずっと
お母さんが
家にいる
という幸せを
求めて

美術大学時代は絵を描いていて、卒業後、映画の仕事がしたいと佐賀県から上京。その後スチールに転向してカメラマンになったそう。雑誌などの商業写真を撮るだけでなく、自分の作品撮りもコツコツと続けていて、4年前には写真展も開かれました。私が枦木さんの写真が好きなのは、そこに時間の流れが写っているから。まるで映画のように、場面が移ろう「途中」を切り取ってくれます。だから、1枚の写真には「その前」と「その後」が繋がっている……。それが枦木さんにしか撮れない写真の魅力だなあと思います。一緒に地方出張などに行くと、ふたりでいろんな話をします。仕事のこと、自分を見つけること、本当にやりたいこと、家族のこと。

その中で、百合子さんのことをポツポツと話してくれました。学生時代に知り合って、結婚前に看護師として働いていたこと。出産してからは、専業主婦として10歳の花乃子《かのこ》ちゃんと6歳の日菜子《ひなこ》ちゃんを育てながら、家を守ってくれていること。花乃子ちゃんが産まれたばかりの頃、髄膜炎を患い入院。夫婦でたくさん泣いたこと……。そんな話を聞きながら、ちゃんと心と心がつながった、なんていいご夫婦だろうと思ったのです。いつだったか、我が家で開いた「おへそパーティ」に家族みんなで来ていただいたこともありました。静かで控えめだけれど、しっかりとした芯を持っている方だなあと感じたことを覚えています。

ご自宅は築64年という風情ある一軒家。訪ねた日、栌木さんが玄関外の掃き掃除をしていました。周りでは、娘さんたちが飛び回って遊んでいて……。「わあ、一緒に仕事をしているときには見えないけれど、ちゃんと〝お父さん〟をしているんだなあ」とちょっと不思議な気分になりました。部屋に入ると、リビングの向こうには小さな庭が広がり、渡り廊下でつながった「はなれ」があるという不思議な間取りです。時を経て味わいのある古いものが好き、というご夫婦の趣味もあって昭和の時代にもぐりこんだよう。家族4人がソファに仲良く座る姿も、なぜかひと昔前の時代の家族のようでした。どうしてそう感じるのだろう……と考えてみると……。そこには、私たちが子供の頃に味わった、「お母さんのいる空気感」があるからじゃなかろうか、と思い当たりました。共働きが増えた今、家の中は、家族があっちへこっちへと出かけては戻ってくる「通過点」になっています。でも、栌木さん宅では、暮らしの中心に百合子さんがいつもいて、そこから暖かい光で家族を包み込んでいるよう。お母さんがいる安心感って、こういう感じだったよなあと、今まで忘れていた大切な何かを思い出させてもらった気がします。

「誰かのために」は「自分のために」とつながっている

まずは、結婚する前の百合子さんについて聞いてみました。看護師になりたいと思ったきっかけは何だったのでしょう？

「高校三年生のときに、マザー・テレサさんが亡くなられて、あちこちのテレビ番組でその様子が報道されていたんです。それまでの私は、勉強一筋で、いい大学に入ることしか考えていませんでした。父も公務員だったし、堅実な家庭で育ったので。実は私、読書が大好きで、文系だったんですよ。大学もずっと文学部を目指していました。でも、ふと『あれ？　どうして私こんなに勉強しているんだろう？』って感じるようになったんです。周りの友人たちがすごく優秀で、それに追いつけないこともあり、目標がわからなくなってしまいました。『これでいいのかな？』と思っていたときに、マザー・テレサさんの人生を知り、『こんな生き方もあるんだ！』と感動したんです。そこから本を読みあさって、どうやったら自分もあんな生き方に近づけるんだろう？　と考えたときに、看護師という職業が浮かんできました。お医者さんにはなれないけれど、看護師ならホスピスなどで患者さんに寄り添うことができるかなって」。

一見おっとりと控えめに見えるのに、百合子さんの底力を垣間見たような気がしました。文系だったのに、いきなり理系の看護学校への進学を決意するなんて！　それにしても、マザー・テレサさんのどんな生き方に一番惹かれたのでしょう？

「う〜ん、なんだったんでしょうね。しいていえば、『確固たる信念』を持っていらしたことでしょうか？　裕福な家庭で何の不自由もなく育っていたのに修道女となり、インドで『死を待つ人の家』としてホスピスを開設したり。その功績が認められてノーベル平和賞を受賞したときも、晩餐会を辞退して、そのお金をチャリティに回すなど、自分の考えを貫いたり。『人のため』に行動を起こすことは、結局は『自分のため』である、ということも教えていただきました。私も仕事をするなら、少しでもいいから誰かの役にたつことをやりたい。『自分』だけしかいなかった世界に、『誰か』の存在を加えてものごとを考えるようになった大きなきっかけがマザー・テレサさんでした。同じ活動をしたいわけではなかったけれど、その末端だったらできるかもしれないって思ったんです」。

このとき感じた「誰かのため」が、今「家族のため」にあるという百合子さんの原点なのかもしれないなあと思いました。こうして大学の看護科に進み、最終的に専門として選んだのは小児科です。「興味があったのは、ホスピスや終末医療だったんですが、実習をしていくうちに、未来がある子供達と一緒に過ごすのもいいなと思って。すごく悩んだんですが、いろいろ考えた結果、子供達のそばにいたいと小児科を選びました」。

杙木さんとの出会いは大学生のとき、20歳だったそうです。「高校の担任の先生が、アートが好きそうな生徒に声をかけて、行きつけの画廊に連れて行ってくれたのですが、大学になってもそこを時々訪れていました。その画廊のオーナーさんが、美大生が活動できる場をと、小さなギャラリーを作っていて、そこにパパも足を運んでいたんです」。

杙木さんのことを「パパ」と呼ぶ百合子さんに、ああお母さんなんだなあと自然に笑みが溢れました。改めてどこが一番好きですか？　と聞いてみると……。「う〜ん、生きていく力が強いところですかね。この人と一緒にいれば、どんなときでも大丈夫だろうって思えます」と百合子さん。「生きていく力」ってどんな力なのでしょう？

「私は学生時代、勉強ばかりしてきたけれど、勉強って大人になったらあまり意味がなかったりするじゃないですか？　そこから先の、ひとりの人間として生きていく力というか、人との関わり方とか、自分の歩み方とか……。そういう力がこの人にはすごくあるんだなと感じましたね」。

美大卒業後、柃木さんは映画の仕事をするために上京。百合子さんは地元福岡の病院に就職します。つまり、遠距離恋愛が始まったというわけ。

「本当は私も一緒に東京に行って、東京で就職したかったんですが、やはり家族に反対されて……。『結婚もしていないのに、功くんについていって、そこでダメだったらどうするんだ？』と父に言われました。でも、そのとき父は、まだ何者になるかもわからない彼のことを『功君は、なんだかわからんが生きていく力はすごいと思う。だからきっと大丈夫だろう』とも言ってくれたんです」。

夫を信じる力

自分の道を切り開いていく人は、ともすれば自分のことで目一杯で、彼女のことまで考えられなくなるものです。不安はなかったのですか？　と聞いてみました。「彼は、映画の仕事をするつもりで上京したのですが、実際に行ってみると、ちょっと違うかも、と感じたようです。自分で目標を変えてカメラの道へ進みました。でも、自分が撮りたい作品を撮っているだけでは、生活していけません。だったら生活するためには、どんな仕事を選べばいいのかを常に考えて、自分で扉を開けていくんです。そういうところが、『生きる力』なんだろうなあって思います。話を聞いていると、遊んでいる暇もお金もない感じで（笑）。私さえ待っていれば大丈夫って、思っていました」。

それにしても、杮木さんが東京で成功するか、ちゃんと食べていけるかどうかは、まったくわからない状態だったはず。にもかかわらず「なんとかなるだろうって思っていました」とにこやかに語ってくれた百合子さん。「私も看護師だから、最悪どうしようもなくなったら、働くことができますから」と。でも、「食べていけないとはまったく思わなかった」と言いますからすごい！「言ったことを実現する力があるんです。夢物語で終わらせないで、考えて行動しているんだなと常に感じさせてくれましたから」。百合子さんの自分が選んだ人を信じる力の強さも、本物だったのだなあと感心せずにはいられません。

結婚する際に、相手の「経済力」は大きな問題です。かつてバブル時代には結婚の条件として「三高」と言われたものです。高学歴、高収入、高身長の３つ。ところがバブルが崩壊し、リーマンショックを経て、さらには今回のコロナウイルス騒動があり、いくらいい企業に入ったとしても、その会社が倒産することもある、ということがわかってきました。「安定」への神話が少しずつ崩れつつあります。

とはいえ、やはり夫に対して一定の収入を求めるのは当然のこと。女性は子供を産み、その間働けなくなるので、夫が稼いできてくれるかどうかは、一層切実になります。でも、若い頃はその現実より夢が先行しがち。私が初めての結婚をする際、親は相手が自営業だったこともあり、大反対をしました。私は「食べるために働く」という父のサラリーマン生活に反発し、「リスクを背負って好きな仕事をする」という真逆な人を選んだのでした。

でも……。結婚し、経済的不安定の中では、心までが不安定になることを思い知りました。もちろんそれだけが離婚の原因ではなかったけれど、安定した収入は、安定した暮らしの土台となる、と知ったのです。結婚ってなんだろう？　と考えるとき、夫婦ふたりでどちらがどう稼ぐかは、どんな人生を送るかを決める大切な要素なのだと思います。

「お母さん」という役割が運んできた幸せ

遠距離恋愛の時代、2~3か月に一度は百合子さんは杤木さんに会いに上京していたそうです。なのに……。「カメラマンの方のアシスタントをしていて、忙しくて家にいないんです。だからご飯を作って帰るだけ、というときもありました。お弁当と保存食を冷蔵庫に詰め込んで。私はそういうことが好きだったし、パパも喜んでくれたので」。なんとなんと！　私だったらわざわざ飛行機で会いに行ったのに、一緒に遊びに行けないなんて考えられません。きっとプリプリ怒って拗ねてしまったと思います。「してもらう」より「してあげる」ことに幸せを感じる。百合子さんはそういう人なのだなあとわかるエピソードでした。

こうして、杤木さんが独立したのを機に結婚。百合子さんは小児科のクリニックを辞めて上京。東京でしばらく専業主婦をしていましたが、失業保険が切れた頃、看護師のパートに出るように。1年もたたないうちに、妊娠がわかり仕事を辞めたそうです。「子供ができたら、仕事は辞めて専業主婦になる、と当たり前のように思っていました。母が専業主婦だったので、自分の中のお母さん像が専業主婦だったんですよね」。

たったひとりで上京し、周りには親戚や友達もいない状態で、家の中でずっとひとりでいることはつらくなかったのでしょうか？

「ひとりでも、図書館で本を借りて読んだり、お菓子を作ったり、そういうことで満足できるんです。逆にパパの友達が家にご飯を食べにくると、疲れていました。自分の友達でもないのに輪に入っていかないといけないし、業界も違うし……。やっぱり職業柄、ヘアメイクさんとか、デザイナーさんとか特殊な職業の方が多かったんです。外でご飯を食べるときにも『奥さんもどうぞ』って呼ばれてついて行ったりもしましたが、もともと大人数でわ〜っと騒ぐのが苦手なタイプなので、萎縮してしまって。今では苦手意識を持つこともなくなって、いろんな集まりを楽しめるようになったし、あの頃出会った人とも、家族ぐるみのお付き合いができるようになったんですけど……」。

そんな百合子さんの毎日がガラリと変わったのが出産してからです。「花乃子ちゃんが産まれてくれて、自分の役割が『お母さん』だとわかったというか……。自分の拠り所となりました。それでだいぶ楽になりましたね。私には私の世界があるって思えたんです」。

「産まれてくれて」という言葉の使い方に、百合子さんの思いが溢れているようでした。

ずっと
お母さんが
家にいる
という幸せを
求めて

ああ、この人は家族のことを愛しているのだな。家族を愛することが百合子さんにとって自分を愛することにつながっているのだなと。

ここが、私とは決定的な違いでした。私は事実婚として夫と共に生活をしているけれど、「自分の人生は自分のため」とどこかで思っています。ご飯を作ったり、部屋をこざっぱり整えたりはしても、それは夫のためというよりは自分のため。つまり、私にとっての夫婦の形は、個と個の組み合わせなのです。だから、個としての私がいかにいろんなものを見て、知り、学び、自分を成長させるか、に一番興味がある……。夫も夫で自分の世界を持ち、ふたりが互いに経験したものを持ち寄るのが家庭……というイメージです。

人にはいろいろな生き方があり、どんな道を選ぶかは人それぞれ。でも、私と百合子さんの生き方はまったく別物だったとしても、「あの人は私とは違うから」と、スルーしてしまうのはもったいないなと思うのです。私は、百合子さんの私とは真逆な暮らし方から、何かを学びたかった。違いの中から知ることが、きっとあるはずですから。

「家族のため」と「自分のため」のバランス

こんな私ですが、夫のために費やした時間もあります。かつて夫が夜遅くの仕事に出かける時期がありました。夕方ぐらいから仮眠をし、夜中前に出かけていって、コンビニでお弁当を買って食べる。そんな生活を見て「これは、体によくない！」と最初は夕飯用のおかずをお弁当箱に詰めて持たせました。そのうち、せっかくだから炊き立てのご飯があった方がいいかも、と一合炊きの土鍋を買って、夜9時ぐらいからご飯を炊くようになりました。冬になると寒いから暖かいお汁があったらいいかも、とサーモスのスープジャーを買って、お味噌汁を入れるようになりました。気がつけば、私は週2回自分が晩ご飯を食べてから、夫のためにせっせとお弁当作りをする日々を送っていました。「夜遅く出かけるのはつらいから、お弁当だけが楽しみやわ」という夫の言葉を聞くと、お弁当箱に詰めるご飯とおかずで私は夫を支えているという実感を持つことができました。2年半ほどがたったとき、その仕事がやっと終わりに。最後のお弁当箱を渡した翌日、夫が小さな花束とケーキを買ってきてくれました。「長い間お世話になりました」と。そんなことしてくれるとは思ってもいなかったので、びっくりするやら、嬉しいやら。フリーランスのライターとして、いつも仕事のことで頭がいっぱいだった私が、初めて夫のために自分を使った、と思えた2年間でした。

そんな体験と、家族のために楽しそうに働く百合子さんと姿を重ね合わせて見えてきたのが、夫婦がうまくいくためには、「頭で考えないことが大事」という事実です。私がお弁当を作ったのは、「こっちの方がきっとおいしいはず」と自然に思えたからでした。百合子さんが家族のことを第一に考えるのも、自然に湧いてきた心の動きです。大切なのは、自分が自然に「やりたい」と思う形に素直になること。

「家族のためにやることがいっぱいで、自分の時間がなくなる」という不満を持っている人は、たくさんいるはず。私も、仕事が立て込んでいるときに、夕飯の時間が近づいてくると、「あ〜、ひとりだったら適当にすませられるのに」とげんなりすることがしょっちゅうです。でも……。ちょっと落ち着いて、掌を胸に当ててよく思い出してみると……。ずっとひとりで夕ご飯を食べるより、やっぱり夫と一緒に「おいしいね」と食べる方がずっと楽しい。忙しいお母さんも、バタバタしている時間からちょっと抜け出して、立ち止まってみたら、「家族と過ごす時間こそが宝物」と思い出すことができるのだと思います。

「あ〜、今日も時間が足りない」と頭で考え、イライラすることをやめて、本当の心が喜ぶことを思い出せば、「家族のため」と「自分のため」というバランスが上手に取れるのかもしれません。

それにしても、マザー・テレサさんに憧れて苦労してせっかく看護師になったのに、百合子さんは、その仕事をもっと極めたい、という思いはなかったのでしょうか？「高校時代は、自分にとって大切な人がいなかったから、漠然と『人のために』と思っていたけれど、今は、パパや子供が私にとって『大切な人』なんです。だからそれで満足しちゃっているのかなあと思います」。

そんな百合子さんの話を聞きながら、以前、沼津の雑貨店「ｈａｌ」の店主、後藤由紀子さんが「幸せ袋」の話をしてくれたことを思い出しました。「幸せ袋」は小さければ小さいほどいい。すぐにいっぱいになって「幸せだなあ」と感じることができるからと。百合子さんの「幸せ袋」も小さいけれど、だからこそこんなふうに夫や子供達と一緒に過ごす姿がキラキラと輝いているのだなあと思いました。

花乃子ちゃんが幼稚園に通っているときには、自分のことだけでいっぱいいっぱいで、幼稚園の大変な仕事は先輩お母さんにお任せ。日菜子ちゃんが通う今は、少し余裕ができて、文集係などを引き受けるようになったそう。お子さんたちが大きくなってからも、働く予定はなく、「『おうちの人』をやっていきたいですね」と笑う百合子さん。「ご飯を作ったり、掃除をしたりもしますが、その合間に本や漫画を読んだり、編み物や手芸をしたり。そういうことをやっているといと1日はあっという間に終わるんです」。

夫の柞木さんは、カメラマンとして国内外を飛び回る日々。「1日の出張だと『やった！今夜はゆっくりしよう！』と思うんですけれど、1週間いないとやっぱり寂しいですね。なんだか精神的に疲れちゃうんです。やっとパパが帰ってくると『パパは帰ってきてくれるだけでいいんだな』って思います」と語ります。

それにしても、柞木さんは家事の手伝いは全くしてくれないのでしょうか？「庭の掃除やお風呂掃除を時々やってくれます。でも、基本的に家事のお願いはしないですね。それよりも子供と遊んでおいてほしいんです。家事は自分がやればいいから。昔は『お茶碗洗ってくれたらいいのに！』って思っていた時期もありました。でも、言って洗ってくれても嬉しくない（笑）。ちょっと違うよなあと感じ始めて。だったら互いに小さな不満が生まれるより、相手に求めない方が楽なんだなと最近思えるようになりました」。なんて、いい妻、いいお母さんなのだろうと、改めて拍手を送りたくなります。

相手を変えようとするより、自分が変わる

それでもどこの家庭にでもある「小さな不満」は、当然柿木家にもあったよう。「たとえば、パパはキャンプがすごく好きなんですが、私は嫌いなんです（笑）。子供の頃からほとんど行ったことがなかったし、虫も嫌いだし、外でご飯作らなくても、おうちでおいしいもの作った方がいい、って思っちゃうので。でも、私がどんなに『嫌だ』と言っても、パパは行くんですよ。でも譲歩してくれるところもあって、本当はあまり便利な道具は使いたくないんでしょうけど、私が炭火で料理をするのは嫌がるから、ガスコンロを買ってくれたり……。出かける前に、毎回不機嫌になって一悶着起こすよりも、行って楽しむことを選んだ方がラクかなと考えました。それで、私はキャンプで何を楽しめるだろう？って考えて、キャンプ料理の本を読んで、家でここまで下準備しておけば、向こうでそんなに調理しなくてすむとか、そういう工夫をするようになりました。昔は子供をおんぶしながら、なんで行かなくちゃいけないの!? って思っていましたけど」。

喧嘩したりはしないのですか？　と聞いてみると……。「2〜3か月に1度はしますね。

喧嘩といっても言い合うのではなく、お互い無言になる感じ……。一番最近は、ホワイトデーをパパが忘れていたんです。その日の朝に『今日はホワイトデーだよ〜』って教えてあげたのに（笑）。でも手ぶらで帰ってきたんですよね。『朝、言ったのに。何か買ってきてくれてもよかったのに』って言ったら、『自分も仕事が大変だったんだから、そんなこと言われても困る』ってムッとされて。そうするとお互い無言になるんですよね。その日、ご飯を食べ終わった後に私から『ごめんね』とラインを送りました。『私はお花屋さんでお花を買ってきてほしいな』と書いたら、次の日買ってきてくれましたね」。

どうもお話を聞いていると、百合子さんがいい妻すぎて、杤木さんに文句を言いに行きたくなって困りました。専業主婦であっても、夫にもっといろんなことを要求する人はたくさんいるはずです。「子育てで大変なのだから、茶碗ぐらい洗ってほしい」だったり、「お風呂に入れてくれただけで助かる」だったり、「夫婦の記念日は覚えていて当然」だったり。百合子さんがそれを求めなかったのは、きっと「求めても自分の心が穏やかにならない」と知っていたから。夫に何かを求めるのは、自分の不満を解決してハッピーになるためです。でも、夫が「求めても応えてくれない」とわかると、お願いする前より、ずっと悲しくなってしまいます。そこをぶつかって解決する人もいるけれど、百合子さんが選んだのは、「自分の思い方を変える」ことでした。目的は「自分の言うことを聞いてもらう」ではなく、その先にある「ハッピーになること」です。思い方の順番を変えてハッピーになれるとしたら、相手を変えなくてもいい。百合子さんには、一歩先の幸せを見つめる伸びかやな視野があったのだなあと感じました。

「今が幸せですね」と百合子さんは言います。「お母さんの方がむいているんだと思います。看護師にも憧れたけれど、仕事をしてみて社会にもまれるのは苦手なんだなってわかったので。いつかまた仕事をするとしたら、図書館でお話会のボランティアをするとか、そういう方が興味がありますね」。

普通の日々の中でも、きっと自分を成長させられる

最後に私は、どうしても百合子さんに聞いてみたいことがありました。それは、仕事をしていない場合、自分が成長している、ってどうやって感じるのか？　ということです。

働いていると、次々に新しい経験と出会い、それをクリアするために頑張ります。そのプロセスの中で、自分を成長させることができる……。ずっと家にいるお母さんの場合、そんな自分の伸び代を伸ばす感覚は味わうことはできるものなのでしょうか？　すると、「成長はしていると思います」ときっぱりと言い切った百合子さんの言葉に、少し驚きました。「社会に出ている人たちとは比べものにはならないぐらい些細なことかもしれないけれど、幼稚園のお母さん同士の関わりの中で、学んだことは大きいと思いますね。いちばん変わったのは『大変だけどやってみよう』という気持ちを持てるようになったことかな。たとえば、今年担当したのは、幼稚園の文集作りでした。構成やデザインを考えてイラストを描いたり。でも、アルバム担当の方がもっと大変なんです。行事ごとに写真をまとめなくちゃいけないし、みんなに『写真を貸してください』って連絡しないといけないし。人手も足らないようだったので、『手伝おうか？』と声をかけました。面倒くさくて、みんなやりたがらないことも、『じゃあ、私がやってみるよ』と、苦なく言えるようになりましたね。すると周りにいるみんながすごく喜んでくれるんです。『助かるよ～！』って。やらないのが悪いのではなくて、やらない人はやらないでいいし、やれる人がやればいい。そういう形が楽しいなと実感しました。仕事をバリバリやっているわけではないけれど、こんな小さなところで自分は成長しているなと感じます」。

以前インテリア取材で伺った家でこんな話をしてくれる方がいました。「私は、かつてはインテリアコーディネーターとして仕事をしていて、子供が幼稚園に通うようになったのを機に退職。でも、毎日幼稚園に通っているんです。行事の準備をしたりと、いろいろ忙しくて。幼稚園の運営って、お母さんたちの力に頼ることが多いんですよね。でもそれは無償です。周りのお母さんたちは、それを当たり前と思っているようですけど、長年仕事をしてきた私にとってはそれが衝撃で。自分の時間を使って働けば、報酬をもらって当たり前。仕事ってそういうものですよね。でも、そうじゃないんです」。私はこの話を聞いたとき心底驚きました。毎日毎日幼稚園に通い、自分の時間を使って何かを作ったり、準備をしたり。それがすべて無給なんて！　そして、みんなそれに対して何の文句も言わず協力するなんて！　さらには幼稚園が、そんなお母さんたちの好意によって支えられているなんて！

お母さんという仕事は、お金に換算できません。幼稚園での役割もそう。それはもしかしたら、仕事よりも難しいことなのかも。「お金をもらっているのだから、これぐらいやって当たり前」というセオリーはそこに通用しないから。みんなが「うちの子が通っている幼稚園だから」と手伝い、仕事を分担し、自分ができることをやる……。そこにはお金がからまないからこそ、人と人の信頼関係や、そこに喜びを見出す心のコントロールが必要なのだと思います。百合子さんは、そんな人間関係の中で、自分を磨いていらっしゃるのだなあと理解しました。

夫の稼ぎで暮らすということ

さらにもうひとつ、聞きたかったのが、「夫の稼ぎを使う」ということについて。私の妹も専業主婦ですが、義弟がお財布を握っており、毎月決まった金額の中でやりくりしています。「自分で自由に使うお金が欲しい」と数年前からアルバイトを始めました。自分の自由になるお金がない、ということは、不自由さはないのでしょうか？　すると「パパが『働いていないくせに』とは絶対に言わない人だから、そういう後ろめたさみたいなものはまったくないですね」と百合子さんは軽やかに答えてくれました。「欲しいものがあれば買っていい、と言われています。最近ジャニーズのキングアンドプリンスにハマっているんですが、ライブのＤＶＤも買っていいよと言ってくれました。舞台にも行かせてくれて、その日は子供たちを見ていてくれました（笑）。以前、パパが友達とこんなふうに語っているのを聞いたんです。私が子育てしながら働いても、月に10万程度ですよね。それでクタクタになって帰ってこられて、家の空気が殺伐として、『私も働いているんだから、家事をやってよ』なんて言われるんだったら、私が働く10万円分を、僕がもっとがんばって稼いだ方がいいって。へ〜って思いました。だったら堂々とパパのお金を使ってもいいのかなって」。

「自分の稼ぎがないと後ろめたい」という人もいれば、百合子さんのように「まったく気にしない」という人もいます。お金に対する意識は、夫婦のあり方から生まれているのだと実感しました。妻はお金を稼いではこないけれど、妻にしかできないこと＝お金では得られないことをやってくれる……。夫にその意識がきちんと根付いていることが、妻を「お金」から解放するのかもしれません。

夫婦のあり方は、自分らしさの選択とつながっている

今、花乃子ちゃんが小学校5年生になって、新たな子育てでの悩みが出てきたそうです。「成長するにつれて、いろんな難しさが出てくるので、たくさん本を読んでいます」と百合子さん。そして、悩んだらすべて杤木さんに聞いてもらうのだとか。「『私、これで合っているのかな？』と思うことは、子供たちが寝たあとのふたりの時間に聞いてもらいます。『それでいいんじゃない？』と言ってくれると、安心しますね。他のママ友も話は聞いてくれるけれど、『そうだよね〜』で終わってしまう。楽にはなるけれど、解決策は見つかりません。『それでいい』と確信できることは、パパに背中を押してもらえるのがいちばんかもしれませんね」。

これからやってみたいことはありますか？　と聞くと「ジョギングかな」と意外な答えにびっくり！　「今までは、子育てが大変だから、と言い訳をして運動していなかったんです。でも、そろそろできるかなと思って。最初からジョギングは無理だろうからウォーキングから始めてみようと思います。家族のために健康でいたいと思うので」。ここにも

やはり「母」としての目線がありました。

百合子さんのお話を聞きながら、私は今までのインタビューで味わったことがない、ひたひたと心が温かいもので満たされるような、幸せな気分になりました。家族のために部屋を整え、ご飯を作り、子供たちを見守り、夫を迎える。そこにこんな喜びがあるなんて。私は自分が仕事中心の生活をしているので、人生の発見も喜びもワクワク感も苦労や悩みも、そのほとんどが仕事の中から発生します。だから、どうしても「仕事軸」で「幸せ」をジャッジしがち……。でも、ちょっと目をあげてみれば、まったく違う生活を送る人がいる……。「仕事」という枠をはずし、「何かを生産しなくちゃ意味がない」という価値観を手放し、だったら「何が幸せ？」と考える……。今回、そのプロセスを間近に見せていただいて、本当によかったなあと思いました。

百合子さんが教えてくれたのは、何が自分に向いているかを自分でジャッジする強さだった気がします。幸せな結婚ってなんだろう？　幸せな夫婦生活ってどんなもの？　そう考えるときに一番大事なのは、自分が結婚に何を求めるかを決める、ということなのかもしれません。百合子さんが望んだのは、「お母さん」になること。さらに、それが、夫が求めるものとぴたりと一致することで、百合子さんの毎日がどっしりと安定しているよう

ずっと
お母さんが
家にいる
という幸せを
求めて

に思えます。枦木家の「ずっとお母さんがそこにいる」という幸せは、決して揺らがないのだと確信しました。

1 夫のため＝自分のためと考えてみる

「夫のためにやっている」と思うと「どうして私ばっかり！」とムカついてくるものです。そんな時、「夫」を「自分」に置き換えてみると、たちまち解決しそうな気がします。スーパーでいい食材を吟味するのも、パリッと乾いた洗濯物をたたむのも「自分のため」。誰かの犠牲になっている、という考えにとらわれているから腹が立つ……。ほんのちょっとの「思い方」で、現実が変わるなら、やってみる価値あり！　なのかもしれません。

2 自分で解決できることは夫に期待するのをやめる

夫婦の生活で、いちばん腹が立つのは、期待が裏切られたときなのかもしれません。「これぐらいやってくれて当然」「これならやってくれるだろう」。そう思い込んでいたのに、夫はまったく知らんぷり。そんな絶望感を解決するのは、「自分でできること」の数を増やすことなのだと思います。

「これは男の役目」と思い込むことをやめて、大工仕事でも、力仕事でも、自分でできるなら、先回りしてやってしまえば、すっきりさっぱりする気がします。

3 喧嘩をしたら、自分から謝ってみる

意地を張り合っているより、先に折れることで、モヤモヤ、イライラの時間を短くできると考えれば「謝る」ことのハードルが低くなりそうです。

おわりに

最後はふたりで

私は、これまでいろいろな取材で、その人の暮らし方、生き方についてお話を伺ってきました。でも今回7人の方々に伺った「夫婦のあり方」は、今までのインタビューとはまったく違っていました。いったい何が違うのだろう……とすべてのお話を聞き終わった後に考えました。それは、自分ひとりの力では、どうにもならないということ……。その「どうにもならなさ」が、夫婦で生きるということを、面白くしているんじゃなかろうか？　と思うようになりました。自分と違う人間を自分の中に取り込むことで、人生は太く奥深くなり、予想外の方向へと転がり出す……。そのときの摩擦によって、イライラしたり、悩んだりはするけれど、それがひとりでは得られない、共に生きるということの味わいなのだと7人の方のジタバタが教えてくれた気がします。

歳を重ね、仕事がバリバリできなくなったとき。子育てがひと段落して、子供達が無事成人して巣立っていった後。もしかしたら、本物の人生はそこから始まるんじゃないか？　と考えることがあります。何かを生産したり、誰かの評価を得たり、自分より大切な存在を守り育てることにすべてを費やしたり……。そんな時期を終えてからが、自分のために時間を使うとき。そして、同時に互いに前を向いて前進していた夫婦が、やっと互いを見つめあう時期なんじゃないかと思うのです。若いときには、自分がよりよく生きていくことに一生懸命で、時には「こんな人いなくたって大丈夫」と息巻いて、夫より大切な仕事や子供のことで頭がいっぱい。でも、人生の後半で、すべてを手放したとき、やっぱり人生を豊かにするには、すぐ横にいて、一緒に時を刻んできた夫とご機嫌に過ごすことなのかなあと思っています。人生後半に、最後に持ち変えるものさしは、「今日の幸せ」を測るものであってほしい。未来のためにがんばったり、過去のキャリアを誇ることはもうやめて、「今日はいい天気だね」と言い合えればいい。まだまだ、そんな穏やかな日々には程遠いけれど、そんな茶飲み友達になれる日までしばらくは、夫婦だからこそできる日々のジタバタを楽しみたいと思います。

［デザイン］ 若山嘉代子 L'espace
［DTP］ 山内梨湖（ケイデザイン）
［撮影］ 近藤沙菜
［編集長］ 山口康夫
［編集］ 佐藤暁子

ムカついても、やっぱり夫婦で生きていく
夫と機嫌よく暮らす知恵

2020年10月21日 初版第1刷発行
2020年12月11日 初版第2刷発行
［著者］ 一田憲子
［発行人］ 山口康夫
［発行］ 株式会社エムディエヌコーポレーション
〒101-0051 東京都千代田区神田神保町一丁目105番地
https://books.MdN.co.jp/
［発売］ 株式会社インプレス
〒101-0051 東京都千代田区神田神保町一丁目105番地
［印刷・製本］ 株式会社リーブルテック

Printed in Japan

［カスタマーセンター］
造本には万全を期しておりますが、万一、落丁・乱丁などがございましたら、送料小社負担にてお取り替えいたします。お手数ですが、カスタマーセンターまでご返送ください。

落丁・乱丁本などのご返送先
〒101-0051 東京都千代田区神田神保町一丁目105番地
株式会社エムディエヌコーポレーション カスタマーセンター TEL：03-4334-2915

内容に関するお問い合わせ先 info@MdN.co.jp

書店・販売店のご注文受付
株式会社インプレス 受注センター TEL：048-449-8040／FAX：048-449-8041

ISBN978-4-295-20037-6 C0095